Evolução do pensamento administrativo

SÉRIE ADMINISTRAÇÃO EMPRESARIAL

Luiz Fernando Barcellos dos Santos

Evolução do pensamento administrativo

EDITORA
intersaberes

Rua Clara Vendramin, 58 . Mossunguê
CEP 81200-170 . Curitiba . PR . Brasil
Fone: (41) 2106-4170
www.intersaberes.com
editora@editoraintersaberes.com.br

Conselho editorial
Dr. Ivo José Both (presidente)
Drª Elena Godoy
Dr. Nelson Luís Dias
Dr. Neri dos Santos
Dr. Ulf Gregor Baranow

Editora-chefe
Lindsay Azambuja

Supervisora editorial
Ariadne Nunes Wenger

Analista editorial
Ariel Martins

Projeto gráfico
Raphael Bernadelli

Capa
Adoro Design

Fotografia da capa
Wavebreakmedia ltd/Yuri Arcurs/PantherMedia

1ª edição, 2013.
Foi feito o depósito legal.

Informamos que é de inteira responsabilidade do autor a emissão de conceitos.

Nenhuma parte desta publicação poderá ser reproduzida por qualquer meio ou forma sem a prévia autorização da Editora InterSaberes.

A violação dos direitos autorais é crime estabelecido na Lei nº 9.610/1998 e punido pelo art. 184 do Código Penal.

Dados Internacionais de Catalogação na Publicação (CIP)
(Câmara Brasileira do Livro, SP, Brasil)

Santos, Luiz Fernando Barcellos dos
 Evolução do pensamento administrativo/Luiz Fernando Barcellos dos Santos. – Curitiba: InterSaberes, 2013. – (Série Administração Empresarial).

 Bibliografia
 ISBN 978-85-8212-733-9

 1. Administração – Teoria I. Título. II. Série.

 12-14211   CDD-658.001

Índices para catálogo sistemático:
 1. Administração: Teoria 658.001
 2. Ciência da administração 658.001

EDITORA AFILIADA

Sumário

Apresentação, IX

Introdução, XI

(1) Elementos básicos sobre a evolução do pensamento administrativo, 13

    1.1   A ciência da administração, 16

    1.2   Fordismo, 17

    1.3   A burocracia, 18

    1.4   A nova divisão internacional do trabalho, 19

(2) Abordagem da teoria clássica à teoria neoclássica da administração, 23

2.1 A abordagem clássica, 26
2.2 A abordagem comportamental, 37
2.3 A abordagem estruturalista, 43
2.4 A abordagem da ciência da administração, 44
2.5 Teoria neoclássica, 46

(3) Administração por objetivos, 49

3.1 Os princípios da administração por objetivos, 52
3.2 O processo de planejamento, 54

(4) Teoria comportamental e teoria do desenvolvimento organizacional, 63

4.1 Teoria comportamental, 66
4.2 Teoria do desenvolvimento organizacional, 69

(5) Teoria dos sistemas e teoria da contingência, 75

5.1 Teoria dos sistemas, 78
5.2 Teoria da contingência, 84

(6) A organização que aprende e a tecnologia da informação, 89

6.1 A organização que aprende, 92
6.2 A tecnologia da informação (TI), 93

(7) Qualidade total, 101

7.1 Direções da qualidade, 105
7.2 Modelo de gerenciamento da qualidade total, 107
7.3 Cultura japonesa, 113

(8) Reengenharia, 117

8.1 Quando a reengenharia é a solução, 121
8.2 Processos inovados pela reengenharia, 123
8.3 Mudanças decorrentes da reengenharia, 125

(9) Administração contemporânea, 129

    9.1   Peter Drucker, 132

    9.2   Tom Peters, 133

    9.3   Rosabeth Moss Kanter, 134

    9.4   Peter Senge, 135

    9.5   Michael Eugene Porter, 136

    9.6   Ikujiro Nonaka e Hirotaka Takeuchi, 138

    9.7   James Collins e Jerry Porras, 139

    9.8   Sumantra Ghoshal e Christopher Bartlett, 141

    9.9   Terrence Deal e Allen Kennedy, 143

Referências, 147

Anexos, 151

Apresentação

A área da Administração sempre está à procura de um profissional que esteja em em constante aprendizado e atualização e que seja capaz de atender às demandas organizacionais, assessorando entidades públicas e privadas. Tendo esse propósito em mente, esta obra, intitulada *Evolução do pensamento administrativo*, tem o objetivo de estimulá-lo e de lhe dar subsídios para a compreensão e a aplicação, com segurança, de conhecimentos indispensáveis para tomar decisões.

Para que esse objetivo seja alcançado, faremos uma reflexão sobre a história da administração, na qual os principais personagens dessa área serão estudados, desde a teoria clássica até a contemporânea. Os capítulos foram desenvolvidos com o objetivo de conciliar o pensamento dos autores analisados com as concepções administrativas atuais, ou seja, esta obra busca levá-lo à reflexão de como era e de como a administração é vista atualmente. Partimos desse pressuposto com o objetivo de demonstrar o que acontece na prática da gestão administrativa, o que é feito por meio de estudos de casos, propostos por nós e por alunos desse campo do conhecimento.

A esse respeito, ensina Filho (2004, citado por Sampaio, 2007) que, na "administração refletida como ciência, pode-se perceber que o indivíduo estará sempre engajado em uma conjuntura social de busca por diferencial competitivo, lucratividade e consequentemente centralização de renda", ao passo que a administração, refletida como arte, é entendida como algo divino, um dom, algo que o indivíduo traz inerente ao seu conhecimento, ao seu aprendizado ou à sua vocação.

Introdução

Quando li o artigo *A número 1 do mundo*, da Revista Veja (Teixeira, 2007), produzido com base no estudo do Instituto de Tecnologia de Massachusetts (EUA), percebi que a ordem das coisas mudou, que os conceitos em administração tornaram-se outros e que tudo aquilo que nos foi ensinado não passa de uma análise histórica.

A "número um do mundo" da indústria automobilística não é mais a General Motors, e sim a Toyota, que desenvolveu um novo modelo de gestão chamado *toyotismo*.

Segundo o artigo, o sistema Toyota de produção reduz os estoques pela metade e aumenta a produção em 40%, levando as empresas – não só as do setor automobilístico, mas as de diversas outras áreas – a substituir o modelo introduzido por Henry Ford, que, na realidade, completou a tarefa de Taylor, assim como serviu de base para os estudos de Mayo e Lewin, completando o ciclo da "teoria clássica" com Weber.

Vamos, portanto, tomando como exemplo o toyotismo, analisar as principais correntes da evolução do pensamento administrativo a partir de 1957. Nos Estados Unidos, esse processo foi chamado de *inovação*, processo que durou até 1970, quando a teoria da contingência em grandes tópicos ganhou força (em nosso estudo, o foco está centrado no período de 1980 até o ano de 2007).

Nesse cenário, iniciaremos a discussão interpretando o toyotismo com uma visão macro-histórica, pois a grande mudança não se dá apenas no processo produtivo, mas também no âmbito das relações de trabalho entre e com o sujeito. Enquanto no taylorismo o trabalhador era uma "peça da máquina", na nova visão ele passou a ser um trabalhador multifuncional. O fato é que a Toyota ensinou as empresas do mundo todo a produzir bens livres de defeitos e com menor custo, em um ambiente no qual operários participam ativamente com sugestões.

(1)

Elementos básicos sobre a evolução do pensamento administrativo

Luiz Fernando Barcellos dos Santos é administrador e técnico contábil, com cursos de pós-graduação em Administração de Estratégia Empresarial pela Universidade do Vale do Rio dos Sinos (Unisinos) e em Administração Financeira pela Pontifícia Universidade Católica do Rio Grande do Sul (PUCRS) e mestrado em Management e Marketing Estratégico pela Universidade Luterana do Brasil (Ulbra). Conta com 20 anos de experiência nas áreas de consultoria em gestão de custos e preços e planejamento e gestão financeira.

Luiz Fernando Barcellos dos Santos

Antes de apresentarmos conceitos sobre a CIÊNCIA DA ADMINISTRAÇÃO, vamos enumerar algumas interpretações sobre a evolução do pensamento administrativo, lançando um olhar crítico sobre aspectos da relação que a sociedade estabelece com o trabalhador.

Não podemos pensar nas funções do administrador sem olharmos para o outro lado da história, ou seja, o lado dos trabalhadores, que somos todos nós. Ao analisarmos esses tópicos, devemos ter consciência de que quando aplicamos as técnicas de gestão para a melhoria de processos, da racionalidade, do lucro etc., nesse cenário está a sociedade como um todo, bem como o trabalhador, indivíduo que não pode ser prejudicado.

Devemos sempre valorizar as pessoas e não escravizá-las em função do lucro ou da melhoria de processos. A história demonstra isso.

(1.1)
A ciência da administração

A ciência da administração pode ser definida como a aplicação do método científico e do raciocínio analítico ao processo de decisões dos executivos no controle de sistemas comerciais e industriais, pelos quais esses gestores são responsáveis. Esses sistemas podem compreender manufaturas específicas, operações administrativas ou de serviços, departamentos ou fábricas inteiras, ou mesmo empresas completas.

Uma característica importante dos cientistas da administração é o esforço que estes fazem para abordar problemas gerenciais com o mesmo tipo de objetividade que se espera dos estudiosos da área das ciências puras e aplicadas, por exemplo.

A aplicação de métodos científicos implica a necessidade de coleta de dados, a análise crítica dos indícios reunidos, a formulação de hipóteses usadas para a construção de modelos de comportamento dos sistemas que estão sendo examinados, a especificação de critérios para a mensuração das variáveis que afetam o desempenho desses sistemas, a criação de projetos experimentais (quando forem apropriados), a previsão de resultados futuros e o teste de validade e da solidez dos modelos e das hipóteses propostos.

É difícil destacar algum dado que nos indique quando ocorreu a primeira aplicação da metodologia da ciência da administração no campo gerencial. O conselho de Jetro a Moisés (personagens bíblicos), para que este delegasse autoridade por meio de uma estrutura hierárquica para tratar de casos que exigiam decisões, pode ser citado como um dos primeiríssimos exemplos de lógica aplicada a problemas administrativos (Bíblia, 1993). Outros autores destacam uma investigação feita por Lanchester, publicada em 1916, sobre o efeito das forças militares lançadas em combate, na qual o estudioso faz um exercício de criação de um modelo matemático para estudar o esforço da guerra. De fato, uma vez que problemas de organização, estratégia e logística sempre figuram de forma proeminente na gestão da guerra, é possível defender a tese de que a ciência da administração, ainda que não sob esse nome, existe há praticamente tanto tempo quanto a humanidade (Outhwaite; Bottomore, 1996).

(1.2)
Fordismo

A palavra *fordismo* foi cunhada na década de 1930, pelo marxista italiano Antonio Gramsci e pelo socialista belga Henri de Man, ao se referirem aos textos de Henry Ford (o fabricante de automóveis) como base das premissas de uma importante transformação da civilização capitalista.

Esse pressuposto se deve ao fato de que o modelo de desenvolvimento econômico estabelecido em países capitalistas depois da Segunda Guerra Mundial foi o fordismo. Com esse modelo administrativo, foram enfatizados os princípios do gerenciamento científico elaborados com base nas teorias de Frederick Taylor, com a sistematização realizada por meio da criação de métodos específicos para o desenvolvimento de tarefas elementares. Desenvolveu-se, dessa forma, uma divisão entre tarefas e a especialização de funções de modo padronizado, buscando a automação.

Os salários elevados, segundo Ford, significavam uma forma de recompensa pela disciplina e estabilidade da força de trabalho e ao mesmo tempo possibilitavam a criação de um mercado comprador que atenderia à demanda da produção.

Analisando o fordismo de forma mais crítica, verificamos que este se liga à modernidade, com um estilo burocrático e racionalista, pois, nesse modelo de produção, a sociedade garante a todos a participação no trabalho coletivo e divide os benefícios entre todos, porque a sociedade é organizada por gerentes particulares ou públicos, construindo o mundo de acordo com a sua ciência.

Com a globalização da economia, a partir da década de 1970, os princípios de Ford e Taylor se tornaram menos eficazes em relação ao Estado regulador, pois os parâmetros da especialização, nos anos de 1980, voltaram-se para a tarefa, enquanto o sistema de produção passou a ser mais flexível, mais voltado para o mercado.

(1.3)
A burocracia

No decorrer da história, a burocracia surgiu em formações sociais e econômicas extremamente diferentes, mas que, ao mesmo tempo, exibiam vários aspectos em comum.

Esse sistema representa uma das categorias centrais da ciência social moderna, relacionando-se a um tipo de administração no qual o poder de tomar decisões está concentrado em um gabinete ou função, em vez de centrar-se em um indivíduo em particular.

Uma das características mais marcantes da burocracia é a forma como a administração é vista: uma atividade que não pode ser realizada por leigos, mas, sim, por especialistas, que veem nesse trabalho algo a ser realizado por toda a vida. No sistema burocrático institucional, passou a existir um conjunto padronizado de exigências, tais como os concursos, originários do antigo sistema de funcionalismo público chinês. Parâmetro que hoje foi instituído para o funcionalismo público em geral, sendo o concurso uma norma comum para a contratação.

A palavra *burocracia*, tal como definida nas ciências sociais, difere do sentido com que a usamos no cotidiano. Em muitas línguas, a concepção ordinária do termo (con)funde-se com o chamado *burocratismo* de funcionários incompetentes, cujo trabalho se caracteriza por um formalismo ineficaz, desanimado, lento e geralmente irracional. Em contraste com isso, a administração burocrática, tal como Max Weber (1999) asseverou, mostrou-se mais eficiente, rápida e competente do que outras formas históricas de administração.

(1.4)
A nova divisão internacional do trabalho

Após o advento da Revolução Industrial, novos conceitos foram introduzidos no sistema administrativo. Veremos alguns pontos importantes neste capítulo sobre esse fato.

Houve uma mudança de valores, isto é, o capital intelectual passou a valer mais. Se antes o homem alimentava a máquina para que esta produzisse, hoje ele controla, analisa e programa o desempenho desta.

Na indústria moderna, é o sistema como um todo que alimenta as máquinas. Podemos definir a automação pela autorregulação das máquinas em "circuito fechado". Em outras palavras: a máquina se vigia e se regula (é autovigilante e autorreguladora).

Antigamente, a sociedade em geral via os avanços tecnológicos, como a automação industrial, como um fator de redução de mão de obra, o que de fato ocorre, em determinado momento. No entanto, a automação dos sistemas de produção faz também com que surjam novas oportunidades, mas que exigem profissionais mais qualificados. Assim, o papel do ser humano inverteu-se: em vez de coadjuvante, passou a ser o sujeito do processo, utilizando a sua capacidade intelectual.

Dentro dessa nova realidade, os níveis hierárquicos tendem a diminuir, pois todos são partes integrantes do processo. O trabalhador passa a ser polivalente, ajustando-se às novas exigências, pois o padrão flexível de organização otimiza o processo, ao mesmo tempo em que busca a racionalização e o aumento da lucratividade.

De acordo com Freitas (1996), a Toyota entende que o respeito pela dignidade humana significa eliminar da força de trabalho as pessoas ineptas e parasitas, as quais não devem fazer parte da empresa; despertar em todos a consciência de que podem aperfeiçoar o processo de trabalho por seu próprio esforço; desenvolver o sentimento de participação. Nessa concepção, descobrir e eliminar sequências desnecessárias de trabalho e de movimentos supérfluos por parte dos trabalhadores é algo também relacionado ao empenho da racionalização.

Para que possamos fazer um paralelo desses dois processos – o clássico e o da Toyota (contemporâneo) –, apresentamos a seguir um resumo do artigo de Teixeira (2007), no qual comparando os sistemas fordista e toyotista, demonstrando, em termos de produção, como operam os funcionários e qual o papel deles em termos de participação.

Quadro 1.1 – Fordismo × Toyotismo

Fordismo	Toyotismo
1. Defeitos no produto só eram identificados no final da linha de produção.	1. Os operários interrompem a produção a qualquer momento para consertar as falhas.
2. A empresa fabricava muitas peças que compunham o seu produto.	2. A maioria das peças é feita e fornecida por outras companhias.
3. Para não faltar peças, estas eram produzidas em grandes quantidades, gerando estoques.	3. O estoque é mínimo. Os fornecedores entregam as peças quando a companhia solicita.
4. O operário-modelo era aquele que melhor obedecia às diretrizes de seus superiores.	4. O operário-modelo é aquele que identifica problemas e propõe soluções.
5. O funcionário deveria apenas se preocupar com as tarefas imediatas.	5. O funcionário deve se preocupar com a aplicação que o produto terá depois de vendido.
6. A empresa tinha de executar os projetos feitos por seus engenheiros.	6. A empresa deve planejar a produção de modo a atender aos desejos de seus clientes.

Fonte: Teixeira, 2007, p. 90.

Se, por um lado, a produção empurrava o produto para o mercado, com a nova visão "de fora para dentro" temos uma inversão: agora, o mercado é que puxa a produção, tornando o sistema mais flexível, mais adaptável às necessidades do mercado.

(.)
Ponto final

Neste capítulo, procuramos identificar os conceitos relacionados à administração científica, assim como a relação, sob o ponto de vista social, entre o trabalhador e a teoria clássica (fordismo e burocracia), introduzindo a visão contemporânea relacionada ao trabalhador (toyotismo).

Atividades

1. No decorrer dos capítulos, verificaremos vários conceitos referentes à administração. Mas, deixando de lado o caráter científico, responda à seguinte pergunta: Administrar não significa ter bom senso para atingir os objetivos? Justifique sua resposta.
2. Como você interpreta o papel do trabalhador no contexto do fordismo?
3. A burocracia, como Max Weber a via, é a mesma dos dias de hoje? Justifique sua resposta.
4. Seria possível dizer que a racionalização do trabalho fez com que as organizações se tornassem mais profissionais em detrimento de um tratamento mais humanitário em relação aos trabalhadores? Justifique sua resposta.

(2)

Abordagem da teoria clássica à teoria neoclássica da administração

Luiz Fernando Barcellos dos Santos

Empenhar-se continuamente no aumento da eficiência da empresa a fim de que a produção cresça é o que a abordagem clássica recomenda aos administradores. Já aqueles que defendem a abordagem comportamental têm como paradigma que o aumento da produção ocorre por meio de uma compreensão mais apurada dos processos pessoais de seus administrados. No entanto, além desses dois segmentos de concepção da administração, ainda temos a abordagem estruturalista, as da ciência da administração e da teoria neoclássica propriamente dita.

(2.1)
A abordagem clássica

A abordagem clássica pode ser dividida em duas áreas distintas. A primeira, isto é, a análise da administração de tarefas, consiste principalmente nos estudos de Frederick Winslow Taylor, Frank e Lillian Gilbreth e Henry Laurence Gantt sobre os cargos de funcionários dos níveis inferiores das empresas. A segunda, a análise da administração das funções, está relacionada com a função administrativa como um todo. O principal colaborador dessa categoria foi Henry Ford.

A análise da administração de tarefas se preocupa com a "melhor maneira" de realizar uma tarefa. Em outras palavras, essa linha de estudo pesquisa a maneira como uma tarefa pode ser estruturada a fim de obter maior produtividade dos funcionários. Esse processo é conhecido como *método científico da administração* ou, simplesmente, *administração científica*.

Frederick Winslow Taylor (1856-1915)

Taylor é considerado o "pai da administração científica". Sua principal meta era o aumento da eficiência dos funcionários por meio do planejamento científico das tarefas. Sua premissa básica era a de que existia uma maneira melhor de realizar uma tarefa e que esse método deveria ser descoberto e colocado em prática. Em sua concepção, a ênfase nas tarefas, a racionalização do trabalho dos operários, o estudo dos tempos e dos movimentos, a fragmentação das tarefas, a especialização do trabalhador e o incentivo salarial com prêmios por produção resultariam em motivação.

O que ocorre dentro dos padrões, segundo Taylor, não deve ocupar a atenção do administrador; na realidade, ele deve dar atenção somente às exceções ou aos desvios padrões acima da média, ou seja, preocupar-se com tudo o que se afasta dos padrões – as exceções – para fazer a devida correção. Portanto, os desvios positivos ou negativos que fogem dos padrões normais devem ser identificados e localizados para a tomada de providências. Apesar de Taylor ter limitado seu campo de aplicação à fábrica, omitindo o restante da vida de uma empresa, suas teorias foram um passo pioneiro e irreversível que teve início com a experiência direta com os operários.

Resumo da obra de Taylor

- Primeiro período: Racionalização do trabalho dos operários.
- Segundo período: Princípios de administração para toda a organização.
- Organização racional do trabalho.
- Análise do trabalho.
- Estudo do tempo e dos movimentos.
- Fragmentação das tarefas.
- Especialização do operário.
- Redução de custos.
- Plano de incentivo à produção: Tempo-padrão (eficiência 100%).
- Salário como única fonte de motivação do operário.
- *Homo economicus.*

As críticas à sua obra incidiram nos seguintes itens da teoria de Taylor:

- abordagem mecanicista/"teoria da máquina";
- superespecialização robótica;
- visão microscópica do ser humano;
- ausência de comprovação científica;

- abordagem prescritiva;
- estudo de um sistema fechado.

Frank e Lillian Gilbreth

O casal Gilbreth preocupou-se com as pessoas, independentemente de terem deficiência ou não. A principal ferramenta investigativa da pesquisa desses teóricos foi o estudo dos movimentos, que procura reduzir cada tarefa aos mais básicos movimentos possíveis. Atualmente, a análise do movimento é utilizada principalmente para estabelecer padrões de execução de tarefas. Cada movimento feito na realização de uma tarefa é estudado a fim de que sejam determinados seu tempo de execução e a sua real necessidade para a conclusão da tarefa. Movimentos ineficientes ou desnecessários são distinguidos e eliminados.

Henry Laurence Gantt

Gantt atribuiu a insatisfação, a ineficiência nas tarefas e as bonificações de produção, principalmente, ao fato de que tais tarefas e bonificações eram estipuladas de acordo com o que era produzido por trabalhadores no passado ou, então, de acordo com a opinião de alguém a respeito do que os trabalhadores eram capazes de fazer.

De acordo com Gantt, as diferenças essenciais entre o melhor sistema administrativo existente hoje e aqueles do passado estão na maneira pela qual as tarefas são programadas e na maneira como o seu desempenho é recompensado. O teórico procurou aperfeiçoar sistemas ou organizações por meio de inovações no modo de procurar tarefas e nas recompensas por essas inovações.

Henry Ford

Ford foi o divulgador das ideias da administração científica e o precursor da produção em massa, com a adoção do paradigma da "linha de montagem". A produção em massa se baseia na simplicidade, tendo como prerrogativas TRÊS ASPECTOS:

- o fluxo do produto no processo produtivo é planejado, ordenado e contínuo;
- o trabalho é entregue ao operário em vez de este ter de ir buscá-lo;
- as operações são analisadas em seus elementos constituintes.

Para acelerar a produção por meio de um trabalho ritmado, coordenado e econômico, Ford adotou três princípios, que são: intensificação, economicidade e produtividade.

1º PRINCÍPIO DE INTENSIFICAÇÃO: Diminuir o tempo de produção com a utilização imediata dos equipamentos e da matéria-prima e com a rápida colocação do produto no mercado.

2º PRINCÍPIO DA ECONOMICIDADE: Reduzir ao mínimo o nível de estoque da matéria-prima em transformação para que o automóvel seja pago à empresa antes de vencido o prazo de pagamento dos salários e da matéria-prima. A velocidade de produção deve ser rápida, ou seja, "o minério sai da mina no sábado e é entregue sob forma de um carro ao consumidor na terça-feira à tarde".

3º PRINCÍPIO DE PRODUTIVIDADE: Aumentar a capacidade de produção do funcionário no mesmo período (produtividade) por meio da especialização e da linha de montagem. O operário ganha mais e o empresário, por sua vez, tem produção maior.

Henri Fayol

Fayol é considerado o pioneiro da teoria da administração. Os elementos de administração descritos por ele são a base para a gestão: planejamento, organização, liderança, coordenação e controle. Os princípios da administração, segundo Fayol, são definidos em 14 PONTOS BÁSICOS, que veremos na sequência:

1º DIVISÃO DO TRABALHO: Parte da concepção de que o trabalho deve ser dividido entre as pessoas e as equipes para assegurar que o esforço e a atenção estarão concentrados em partes específicas das tarefas. Fayol apresenta a especialização no trabalho como a melhor maneira de utilizar os recursos humanos de uma empresa.

2º AUTORIDADE: Considera a "autoridade" definida como o direito de dar ordens e o poder de exigir obediência, enquanto a "responsabilidade" consiste em responder pelos deveres designados, estando associada à autoridade. Portanto, todo aquele que assume autoridade também assume responsabilidade, pois os conceitos de autoridade e responsabilidade estão intimamente relacionados.

3º DISCIPLINA: Significa que uma empresa bem-sucedida requer o esforço conjunto de seus funcionários.

4º UNIDADE DE COMANDO: Os funcionários devem receber ordens de apenas um administrador.

5º UNICIDADE DE DIREÇÃO: A empresa como um todo deve caminhar em direção a um objetivo comum, em uma única direção.

6º SUBORDINAÇÃO DOS INTERESSES INDIVIDUAIS AOS INTERESSES COLETIVOS: Implica uma postura em que os interesses de uma pessoa não devem ter prioridade sobre os interesses da empresa como um todo.

7º REMUNERAÇÃO: Muitas variáveis, como o custo de vida, a oferta de pessoal qualificado, as condições gerais do negócio e seus bons resultados, devem ser levadas em consideração no momento de definir a faixa salarial para remunerar um funcionário.

8º CENTRALIZAÇÃO E DESCENTRALIZAÇÃO: Fayol definiu a "centralização" como a diminuição da importância do papel dos subordinados e a "descentralização" como um aumento de importância dos subordinados. O grau que se deve adotar depende da empresa em que o administrador trabalha.

9º ESCALA HIERÁRQUICA: Os administradores divididos hierarquicamente fazem parte da escala de autoridade em cadeia. Cada administrador, desde o supervisor de "chão de fábrica" até o presidente, possui certa quantidade de autoridade. O presidente detém a maior parte da autoridade, enquanto o supervisor de "chão de fábrica" possui a menor parte. A baixa administração deve sempre informar suas atividades aos médios administradores. A existência de uma escala hierárquica e a adesão a ela são condições necessárias, caso a empresa queira ser bem sucedida.

10º ORDEM: Com o intuito de preservar a eficiência e a coordenação, todas as matérias-primas e as pessoas envolvidas em uma tarefa específica devem estar situadas em um mesmo local na empresa.

11ª EQUIDADE: Todos os funcionários devem ser tratados com o máximo de igualdade possível.

12º ESTABILIDADE DE RETENÇÃO DE PESSOAL: Manter funcionários produtivos deve ser uma das maiores prioridades da administração. Os custos de recrutamento e de seleção, bem como o aumento dos níveis de rejeição do produto, são geralmente associados à contratação de novos funcionários.

13º INICIATIVA: A administração deve estar disposta a encorajar a iniciativa de seus funcionários, que é definida como uma atividade de trabalho nova ou adicional empreendida pelo próprio funcionário.

14º ESPÍRITO DE GRUPO: A administração deve encorajar a harmonia e os bons sentimentos em geral entre os funcionários.

Os princípios gerais de administração de Fayol abrangem uma ampla variedade de tópicos, porém a eficiência empresarial, o trato com as pessoas e a atitude administrativa adequada são os três temas gerais enfatizados pelo teórico. Em resumo, na organização informal de Fayol são definidas as funções essenciais da empresa, divididas em CINCO ATIVIDADES:

1ª PREVER: Analisar cenários; definir os objetivos a atingir e os meios para alcançá-los; programar quem, como e quando.

2ª ORGANIZAR: Definir os recursos; alocar os recursos em órgãos e pessoas; estruturar os órgãos; atribuir autoridade e responsabilidade.

3ª COMANDAR: Preencher os cargos; estabelecer a comunicação; liderar e motivar as pessoas; direcionar rumo aos objetivos; agir.

4ª COORDENAR: Orientar lideranças; coordenar grupos.

5ª CONTROLAR: Avaliar resultados numéricos e não numéricos; definir os padrões de desempenho; avaliar o desempenho; comparar o desempenho com os padrões; agir corretivamente.

Figura 2.1 – Funções administrativas

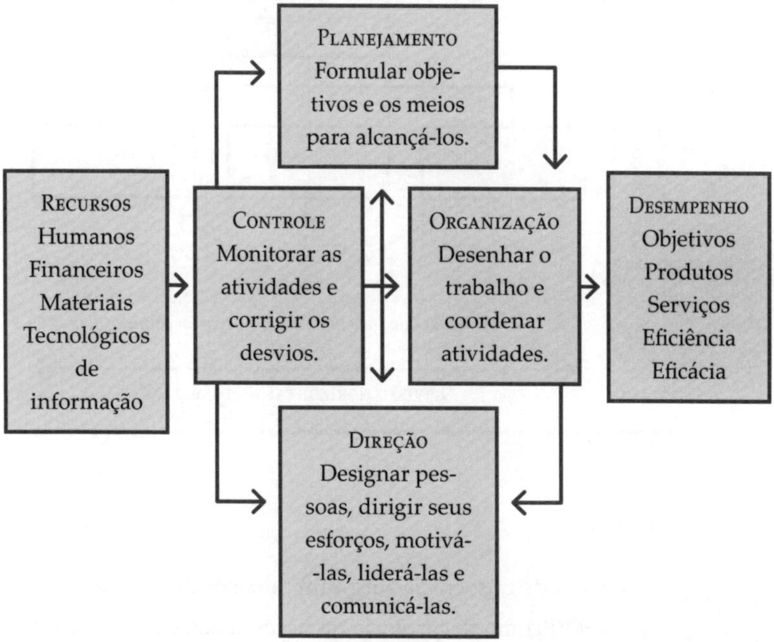

RECURSOS
Humanos
Financeiros
Materiais
Tecnológicos
de informação

PLANEJAMENTO
Formular objetivos e os meios para alcançá-los.

CONTROLE
Monitorar as atividades e corrigir os desvios.

ORGANIZAÇÃO
Desenhar o trabalho e coordenar atividades.

DIREÇÃO
Designar pessoas, dirigir seus esforços, motivá-las, liderá-las e comunicá-las.

DESEMPENHO
Objetivos
Produtos
Serviços
Eficiência
Eficácia

Fayol estudou modelos organizacionais e estabeleceu a divisão do trabalho vertical (níveis de autoridade) e horizontal (departamentalização), além dos órgãos de linha (autoridade linear) e dos órgãos de *staff* (autoridade de *staff* para prestação de serviços e consultoria), buscando a eficiência de todas as partes envolvidas, com ênfase nas estruturas e com a orientação de cima para baixo.

Figura 2.2 – Exemplo do modelo organizacional

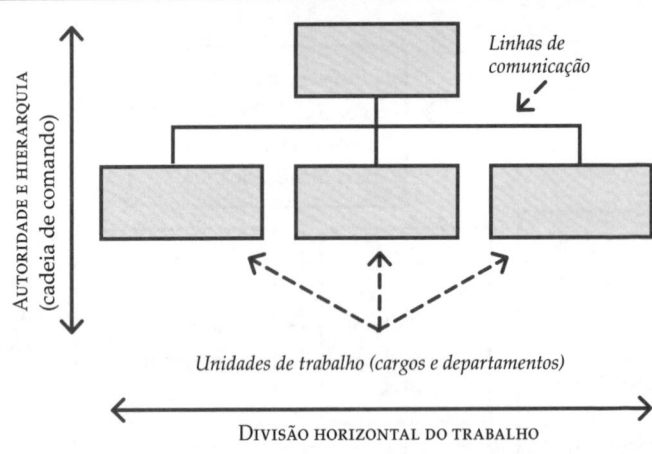

Max Weber

As formas de burocracia surgiram "a partir da era vitoriana [1837-1901] como decorrência da necessidade que as organizações sentiram de ordem e de exatidão, e das reivindicações dos trabalhadores por um tratamento justo e imparcial" (Valentim, 2007). Foi nesse cenário que "Weber [1864-1920] estudou as organizações sob um ponto de vista estruturalista, preocupando-se com sua racionalidade – a relação entre os meios utilizados e os objetivos a serem alcançados pelas organizações burocráticas. A organização por excelência, para Weber, é a burocracia" (Unilasalle, 2007).

Aqui devemos atentar para o fato de que a abordagem estruturalista se divide em dois grandes pontos: a teoria burocrática, com ênfase na estrutura, e a teoria estruturalista, com ênfase na estrutura, nas pessoas e no ambiente.

O desenvolvimento da "teoria da burocracia" no âmbito administrativo ocorreu nos anos de 1940. Tal fato se deveu a vários aspectos, que foram:

- *A fragilidade e a parcialidade das Teorias Clássica e das Relações Humanas, ambas oponentes e contraditórias, mas sem possibilitarem uma abordagem global e integrada dos problemas organizacionais. Ambas revelam pontos de vista extremistas e incompletos sobre a organização, gerando a necessidade de um enfoque mais amplo e completo.*
- *A necessidade de um modelo de organização racional capaz de caracterizar todas as variáveis envolvidas, bem como o comportamento dos membros dela participantes, e aplicável não somente à fábrica, mas a todas as formas de organização humana, e principalmente às empresas.*
- *[...] [a exigência por parte das administrações de modelos organizacionais mais bem-definidos em relação direta ao tamanho crescente e à complexidade das empresas, condição (nova) que tanto a teoria clássica como a das relações humanas mostraram-se insuficientes para responder;]*
- *O ressurgimento da Sociologia da Burocracia, a partir da descoberta dos trabalhos de Max Weber, seu criador. A Sociologia da Burocracia propõe um modelo de organização, e as organizações não tardaram em tentar aplicá-lo naprática, proporcionando as bases da Teoria da Burocracia.* (Faculdades Monteiro Lobato, 2007)

Max Weber distinguiu em seus estudos três tipos de sociedade:

- *Sociedade tradicional: na qual predominam características patriarcais e patrimonialistas, como a família, o clã, a sociedade medieval.*
- *Sociedade carismática: na qual predominam características místicas, arbitrárias e personalísticas, como nos grupos revolucionários, nos partidos políticos, nas nações em revolução.*

- *Sociedade legal, racional ou burocrática: na qual predominam normas impessoais e racionalidade na escolha dos meios e dos fins, como nas grandes empresas, nos estados modernos, nos exércitos.*

A cada tipo de sociedade corresponde, para Weber, há um tipo de autoridade. Autoridade significa a probabilidade de que um comando ou ordem específica seja obedecido. A autoridade representa o poder institucionalizado e oficializado.

[O poder significa a probabilidade de impor a própria vontade dentro de uma relação social, mesmo contra qualquer forma de resistência e qualquer que seja o fundamento dessa probabilidade.] O poder é a possibilidade de imposição de arbítrio por parte de uma pessoa sobre a conduta de outras. A autoridade proporciona o poder: ter autoridade e ter poder.
(Faculdades Monteiro Lobato, 2007)

Weber aponta três tipos de autoridade: a tradicional; a carismática; a legal, racional ou burocrática.

- *Autoridade tradicional: existe quando os subordinados aceitam as ordens dos superiores como justificadas, porque essa sempre foi a maneira pela qual as coisas foram feitas.*
- *Autoridade carismática: existe quando os subordinados aceitam as ordens do superior como justificadas por causa da influência da personalidade e da liderança do superior com o qual se identificam. Carisma (do grego khárisma = dom da graça de Deus) é um termo usado anteriormente com sentido religioso, significando o dom concedido por Deus, estado de graça etc. Weber usa o termo no sentido de uma qualidade extraordinária e indefinível de uma pessoa.*
- *Autoridade legal, racional ou burocrática: existe quando os subordinados aceitam as ordens dos superiores como*

justificadas, porque concordam com certos preceitos ou normas que consideram legítimos e dos quais deriva o comando. É o tipo de autoridade técnica, meritocrática e administrada. Baseia-se nas leis ou normas que são regulamentadas através de procedimentos formais e escritos. (Faculdades Monteiro Lobato, 2007)

A "teoria da burocracia", para Max Weber, tem como características (Valentim, 2007):

- *o caráter legal das normas e dos regulamentos;*
- *o caráter formal das comunicações;*
- *o caráter racional e a divisão do trabalho;*
- *a impessoalidade nas relações;*
- *a hierarquia da autoridade;*
- *rotinas e procedimentos estandardizados;*
- *a competência técnica e a meritocracia;*
- *a especialização da administração que é separada da propriedade;*
- *a profissionalização dos participantes;*
- *a completa previsibilidade do funcionamento.*

(2.2)
A abordagem comportamental

A abordagem comportamental da administração preocupa-se com o aumento da produção por meio de uma maior compreensão de como são as pessoas. De acordo com os teóricos dessa abordagem, se os gerentes compreenderem seus funcionários e adaptarem as empresas a eles, o êxito organizacional será uma consequência natural.

Elton Mayo

Elton Mayo e o seu grupo (especialmente Hawthorne) criaram outra forma de ver a organização, agora não mais com base em uma visão meramente formal, mecanicista, do ser humano quase autômato, respondendo a interesses única e exclusivamente pecuniários. A tônica passou então a ser o indivíduo integrante e participante de um "grupo". O que o trabalhador pensava, sentia e como se comportava agora interessava, pois isso de uma forma ou de outra iria influenciar no processo produtivo.

Na "teoria das relações humanas", as conclusões da experiência de Hawthorne foram as seguintes:

- *o nível de produção é resultante da integração social: o nível de produção não é determinado pela capacidade física ou fisiológica do empregado (como afirmava a teoria clássica), mas por normas sociais e expectativas grupais;*
- *o comportamento social dos empregados: o comportamento do indivíduo se apoia totalmente no grupo. Os trabalhadores não agem ou reagem isoladamente como indivíduos, mas como membros do grupo;*
- *recompensas e sanções sociais: o comportamento dos operários é condicionado por normas e padrões sociais. Os operários que produziam acima ou abaixo da norma socialmente determinada perderam o respeito e a consideração dos colegas. Preferiram produzir menos – e ganhar menos – a por em risco suas relações amistosas com os colegas;*
- *grupos informais: enquanto os clássicos se preocupam com os aspectos formais das organizações, como princípios de administração, autoridade, responsabilidade, especialização, estudos de tempos e movimentos, departamentalização etc., os autores humanistas se concentram*

nos aspectos informais da organização, como comportamento social, grupos informais, crenças, atitudes e expectativas, motivações etc. A empresa passa a ser vista como uma organização social composta de grupos sociais cuja estrutura nem sempre coincide com a organização formal, ou seja, com os propósitos definidos pela empresa;

- *relações humanas: no local de trabalho as pessoas participam de grupos sociais dentro da organização e mantêm-se em uma constante interação social. Para explicar o comportamento humano nas organizações, a teoria das relações humanas passou a estudar essa interação social. As relações humanas são as ações e as atitudes desenvolvidas a partir dos contatos entre as pessoas e grupos;*
- *importância do conteúdo do cargo: a especialização não é a maneira mais eficiente de divisão do trabalho. Embora não tenham se preocupado com esse aspecto, os autores humanistas verificaram que a especialização proposta pela teoria clássica não cria a organização mais eficiente. Observam que os operários trocavam de posição para variar e evitar a monotonia, contrariando a política da empresa;*
- *ênfase nos aspectos emocionais: os elementos emocionais não planejados e irracionais do comportamento humano merecem atenção especial da teoria das relações humanas. Daí a denominação de "sociólogos da organização" dada aos autores humanistas.* (Feltrin, 2007a)

Entre os principais pontos de vista que Mayo defende, destacamos os seguintes:

- *que o trabalho é uma atividade tipicamente grupal. A conclusão é a de que o nível de produção é influenciado mais pelas normas do grupo do que pelos incentivos salariais e materiais de produção;*

- *que o operário não reage como indivíduo isolado, mas como membro de um grupo social;*
- *que a tarefa básica da administração é formar uma elite capaz de compreender e de se comunicar com chefes democráticos, persuasivos e simpáticos a todo o pessoal;*
- *que passamos de uma sociedade estável para uma sociedade adaptável, mas negligenciamos a habilidade social;*
- *que o ser humano é motivado pela necessidade de estar junto, de ser reconhecido, de receber a adequada comunicação. A organização eficiente, por si só, não leva à maior produção, pois ela é incapaz de elevar a produtividade se as necessidades psicológicas do trabalhador não forem descobertas, localizadas e satisfeitas;*
- *que a civilização industrializada traz como consequência a desintegração dos grupos primários da sociedade, como a família, os grupos informais e a religião, enquanto a fábrica surgirá como uma nova unidade social que proporcionará um novo lar, um local de compreensão e de segurança emocional para os indivíduos.* (Feltrin, 2007b)

Kurt Lewin

Para explicar a motivação do comportamento, Lewin elaborou a "teoria de campo", que se baseia em duas suposições fundamentais: que o comportamento humano é derivado da totalidade dos fatos coexistentes, que constituem um campo dinâmico, no qual cada parte do campo depende de uma inter-relação com as demais partes; e que o comportamento humano não depende do passado ou do futuro, mas do campo dinâmico atual e presente.

São considerados nessa teoria três níveis de motivação, os quais correspondem às necessidades fisiológicas, psicológicas e de autorrealização.

- *Necessidades fisiológicas: são as necessidades primárias, vitais ou vegetativas, relacionadas à sobrevivência do indivíduo. São inatas e instintivas (alimentação, sono, abrigo, satisfação sexual).*
- *Necessidades psicológicas: são necessidades secundárias e exclusivas do homem. São aprendidas no decorrer da vida e representam o padrão mais elevado e complexo de necessidades. Raramente são satisfeitas em sua plenitude. As principais necessidades são:*
  - *necessidade de segurança íntima: é a que leva o indivíduo a autodefesa, a procura de proteção contra o perigo, ameaça ou privação;*
  - *necessidade de participação: é a necessidade de fazer parte, de ter contato humano, de participar com outras pessoas de algum evento ou empreendimento (a aprovação social, o reconhecimento do grupo e o calor humano são necessidades que levam o homem a viver em grupo e socializar-se);*
  - *necessidade de autoconfiança: ela é decorrente da autoavaliação e autoapreciação de cada pessoa; refere-se a maneira pela qual a pessoa se vê e se avalia; é o autorrespeito e a consideração para consigo mesma;*
  - *necessidade de afeição: dar e receber afeto, amor e carinho;*
  - *necessidade de autorrealização: são as necessidades mais elevadas e raramente satisfeitas em sua plenitude, pois o ser humano procura maiores satisfações e estabelece metas crescentes e sofisticadas.*

A motivação é a tensão persistente que leva o indivíduo a alguma forma de comportamento, visando à satisfação de uma ou mais necessidades. Daí o conceito de ciclo motivacional: o organismo humano permanece em estado de equilíbrio psicológico, [segundo Lewin], até que um estímulo rompa e crie uma necessidade. (Feltrin, 2007c)

Abraham Maslow

Maslow (1970) afirma que os seres humanos possuem necessidades básicas e que estas podem ser dispostas em uma hierarquia de importância, que corresponde à ordem em que os indivíduos geralmente procuram satisfazê-las, ou seja:

- as fisiológicas;
- as de alimentação, de abrigo, de descanso, de exercício etc.;
- as de segurança;
- as de proteção contra o perigo, a ameaça e a privação;
- as sociais;
- as de participação, de associação, de aceitação por parte dos companheiros, de troca, de amizade e de afeto;
- as de autorrealização (essas são as necessidades de cada um realizar o seu próprio potencial, de estar em contínuo desenvolvimento, de ser criador no sentido mais alto do termo);
- as de estima (ego), ou seja, aquelas necessidades que não motivam até que necessidades de níveis mais baixos estejam razoavelmente satisfeitas. Essas necessidades se dividem em duas categorias:
  - necessidades relacionadas com o amor-próprio, a autoconfiança, a realização, a competência, o conhecimento e a independência;
  - necessidades relacionadas à própria reputação, como *status*, reconhecimento, aprovação e respeito.

Na "teoria comportamental", percebemos novas proposições acerca da motivação humana (Maslow, 1970):

- as informações são fundamentais para as tomadas de decisão;
- a reciprocidade entre indivíduos e organizações, bem como suas relações de intercâmbio, são importantes para o estudo das organizações.

Toda empresa é composta de pessoas com diferentes capacidades e conhecimentos, que desempenham muitos tipos diferentes de trabalho. Deve estar ancorada na comunicação e na responsabilidade individual. Todos os componentes devem pensar sobre o que pretendem alcançar – e garantir que seus associados conheçam e entendam essa meta. Todos têm que considerar o que devem aos outros – e garantir que esses outros entendam. E todos têm de pensar naquilo que eles, por sua vez, precisam dos outros – e garantir que os outros saibam o que se espera deles. (Caravantes; Panno; Kloeckner, 2005)

(2.3)
A abordagem estruturalista

A teoria estruturalista faz uma conciliação entre a teoria clássica e a de relações humanas. Percebemos nela (Reinaldo, 2007):

- o inter-relacionamento entre as organizações como um todo dentro de seus segmentos e a inter-relação com seu ambiente externo, onde se situam cenários, conjunturas, mercados;
- um novo conceito de organização e um novo conceito de ser humano: o indivíduo organizacional, que desempenha papéis concomitantes em diversas organizações diferentes.

(2.4)
A abordagem da ciência da administração

Churchman, Ackoff e Arnoff (1957) definem a abordagem da ciência da administração, ou pesquisa operacional (PO), em dois paradigmas. Para esses teóricos, essa linha de estudo caracteriza-se, primeiramente, pela aplicação do método científico aos problemas que surgem na operação de um sistema e, em segundo lugar, pela solução desses problemas por meio da solução de equações matemáticas que representam um sistema. A abordagem da ciência da administração sugere que a melhor maneira de os administradores aperfeiçoarem as empresas é por meio da utilização do método científico e das técnicas de matemática para resolverem problemas operacionais.

Alguns dos princípios dessa abordagem são os seguintes:

- observar sistematicamente o sistema cujo comportamento necessita ser explicado para a solução do problema;
- utilizar tais observações específicas para construir um modelo geral que seja compatível com essas "observações específicas", com base no qual seja possível prever as consequências, caso seja necessário alterar o sistema;
- utilizar o modelo para deduzir o modo como o sistema se comportará sob condições que não foram observadas, mas que poderiam ser, caso as alterações fossem feitas;
- testar o modelo, realizando um experimento no sistema atual, para ver se os efeitos das alterações previstas, com base no modelo, ocorrem realmente no momento em que as mudanças são realizadas.

Quatro características principais estão geralmente presentes em situações nas quais as técnicas da ciência da administração são aplicadas. São elas:

1. Os problemas administrativos estudados são tão complexos que os administradores necessitam de ajuda para analisar um grande número de variáveis. Essas técnicas aumentam a eficácia da tomada de decisões nessas situações.
2. Uma aplicação da ciência da administração geralmente se vale de implicações econômicas como critérios para a tomada de determinadas decisões. Talvez isso se deva ao fato de que essas técnicas se encaixem melhor na análise de fatores quantificáveis, como vendas, despesas e unidades de produção.
3. O uso de modelos matemáticos para investigar situações de tomada de decisão é uma aplicação típica da ciência da administração. Os modelos construídos para representar a realidade são utilizados com o objetivo de determinar até que ponto uma situação real pode ser aperfeiçoada.
4. Outra característica dessa abordagem é o uso do computador. A grande complexidade dos problemas administrativos é a sofisticada análise matemática das informações necessárias e relacionadas aos problemas. Esses são dois fatores que tornam os computadores muito valiosos para o analista da ciência da administração.

Os administradores atuais utilizam ferramentas da ciência da administração como modelos de controle de estoque, modelo de rede e de probabilidades, que ajudam no processo de tomada de decisões.

(2.5)
Teoria neoclássica

Considerando o avanço obtido com a teoria das relações humanas associado ao grande crescimento que as organizações estavam experimentando na década de 1950, a teoria neoclássica surgiu como uma retomada ou uma revisão das teorias clássicas. Entretanto, a teoria neoclássica está muito próxima dos ensinamentos de Fayol e, em menor escala, de os de Taylor.

Os fundamentos encontrados na teoria neoclássica são:

- *a administração é um processo operacional (planejamento, organização, direção e controle);*
- *a administração deve ter princípios universais, pois se constitui em uma "arte";*
- *esses princípios são verdadeiros, como em outras ciências.*

A abordagem neoclássica discute as funções da administração e quais os princípios associados a essas práticas. A teoria neoclássica e a administração por objetivos fazem parte dessa escola.

Características da teoria neoclássica:

- *pragmatismo (ênfase na prática da administração);*
- *ênfase nos princípios da teoria clássica;*
- *grande importância nos princípios gerais de administração;*
- *ênfase nos objetivos e nos resultados;*
- *ecletismo, pois englobava diversas correntes de pensamento.*

A administração é vista essencialmente como uma técnica de conjugar o esforço de pessoas e de recursos no atendimento de certos objetivos: uma técnica social. Além disso, uma maior ênfase na eficácia deve ser alcançada, embora o aumento da eficiência continue como desejável também. (Reinaldo, 2007)

> Nem o desempenho da produção nem a linha de resultados são por si sós uma medição adequada de desempenho da administração de uma empresa. Será que isso é verdadeiro? Que outros aspectos devem ser considerados? São questionamentos que devemos fazer.

(.)

Ponto final

Conhecer a visão histórica da administração é fundamental para avaliar as tendências futuras. Na era clássica, a teoria da administração procurou dar enfoque às tarefas, partindo mais tarde para a ênfase na estrutura organizacional e, em seguida, priorizando as pessoas como o descrito na teoria das relações humanas. Já na teoria neoclássica (era industrial), houve uma reformulação das teorias, com ênfase na teoria comportamental. Com as mudanças e transformações, principalmente com a globalização, entramos na era da informação e, consequentemente, da qualidade, produtividade e competitividade, assuntos que serão tratados nos próximos capítulos.

Atividades

1. Qual a importância ou função das teorias?
2. Qual a relação entre a teoria e a prática?
3. Descreva quais as principais características da teoria clássica.
4. Descreva quais as principais características da teoria da burocracia.
5. Descreva as principais características da teoria neoclássica.

(3)

Administração por objetivos

O maior perigo que as empresas e as instituições de serviço público enfrentam, segundo Peter Drucker (1980), não é a hostilidade popular ao mundo dos negócios, as restrições impostas pelo meio ambiente, as regulamentações governamentais excessivamente rígidas, as questões energéticas ou sequer a inflação. O maior perigo talvez seja uma deterioração oculta nesses fatores básicos. Após um longo período de relativa tranquilidade, há sempre o risco de surgirem pontos fracos inesperados e invisíveis, justamente naquelas áreas que todos já consideravam naturalmente sólidas, que todos já consideravam tediosamente rotineiras. Assim, é oportuno considerar, ainda conforme nos ensina Drucker (1980), que os fatores básicos não se modificam, porém aquilo que é necessário para administrá-los sofre enormes alterações, de acordo com as mudanças nas condições internas e externas à organização.

(3.1)
Os princípios da administração por objetivos

Administrar em épocas turbulentas exige uma prévia discussão das novas e peculiares exigências dos fatores básicos de sobrevivência e de sucesso de um negócio: liquidez, produtividade e os custos do futuro. Acreditamos que dentro dessa visão está inserido o que podemos chamar de OBJETIVOS. A pergunta é: QUAIS OS PRINCÍPIOS QUE NORTEIAM A ADMINISTRAÇÃO POR OBJETIVOS?

A administração por objetivos (ou APO) propõe, segundo Drucker (1980), um processo participativo de estabelecimento de objetivos e de avaliação do desempenho das pessoas, baseado em um processo do qual participam o chefe e a sua equipe (ou um subordinado em particular). Esse processo participativo substitui o processo hierárquico, no qual o chefe simplesmente define os objetivos e os transmite pela cadeia de comando abaixo, para depois avaliar o desempenho da equipe.

Os três princípios básicos da APO

Vigoravam as estruturas e os comportamentos hierárquicos quando surgiu a APO (na década de 1950), uma mensagem em favor dos métodos participativos. Esse método administrativo teve muito sucesso entre as décadas de 1960 e 1970 e, a partir de 1990, tornou-se redundante em função dos métodos participativos substituírem os métodos hierárquicos. Os seus princípios básicos tinham como fundamento três enfoques – objetivos específicos; tempo definido; *feedback* para desempenho – que iremos detalhar na sequência.

O princípio dos "objetivos específicos"

São identificadas, segundo Maximiano (2000, p. 191), as áreas de resultados de uma equipe ou de uma unidade e, a partir desse estágio do processo, é realizada uma análise e são estabelecidos os indicadores (medidas de desempenho). Após essa análise, são estabelecidos os objetivos, que devem sempre ser definidos de maneira específica e mensurável.

Vamos exemplificar:

- análise da situação atual: atualmente, os custos de produção da empresa X representam 60% dos custos totais em função da baixa produtividade;
- objetivo: reestruturar o *layout* do processo de produção e reduzir a participação dos custos de produção para 40% dos custos totais até o final do semestre.

No caso desse exemplo, estamos formatando um objetivo e também indicando uma alternativa no processo para que seja concretizado o objetivo, assim como o prazo a ser atingido.

O princípio do "tempo definido"

Um prazo específico é definido para a realização dos objetivos, com prazos intermediários para verificação do desempenho da equipe. Isso significa que, quando se estabelece objetivos e metas, não basta escrever – devemos estabelecer o tempo de execução desmembrado em etapas a serem concluídas. Em resumo, "o que" e "quando".

O princípio do feedback sobre o desempenho

Ao longo do período estabelecido para a realização dos objetivos, o desempenho da equipe é avaliado. No final do prazo, um novo plano de ação é definido para um período seguinte. Caso o desempenho da equipe fique aquém do esperado, o plano de ação pode ser complementado por algum tipo de reforço, como um programa de treinamento, por exemplo.

(3.2)
O processo de planejamento

A administração por objetivos é uma forma específica de praticar o processo de planejamento, que consiste em definir planos. Em essência, um plano contém objetivos e formas de realizá-los. Planejar é um processo e os resultados, por sua vez, são os planos.

O processo de planejar compreende três etapas principais: definição dos objetivos, dos meios de execução e dos meios de controle.

Definição dos objetivos

Uma vez que o planejamento centra-se no "como" o sistema gerencial atingirá os objetivos organizacionais, uma definição clara desses objetivos é necessária antes do início do planejamento. Os objetivos estipulam aquelas áreas onde o planejamento organizacional deve ocorrer. Objetivos são resultados quantificados, previamente estabelecidos, que devem ser atingidos e mantidos durante um período de tempo, orientando o desempenho, exprimindo uma política quantificada e implicando continuidade.

Definição dos meios de execução

Definidos os objetivos, são determinados os meios de execução. Esse processo desdobra o objetivo inicial em objetivos de segundo e terceiro nível (e, às vezes, outros níveis inferiores). O objetivo de qualquer nível é um meio para realizar o objetivo do nível superior.

A escolha dos meios para realizar objetivos de qualquer nível, especialmente quanto a meios alternativos, chama-se *estratégia*. Quatro fatores principais devem ser considerados no processo de definição dos meios: políticas, procedimentos, atividades e recursos.

- POLÍTICAS: Podemos dizer que, nesse processo estratégico, "as políticas ou diretrizes têm por finalidade orientar o comportamento dos indivíduos e grupos a longo prazo, especialmente em situações repetitivas ou permanentes" (Zmitrowicz, 2007). O que ocorre é que, sob esse enfoque, na prática, "as políticas são decisões prévias e padronizadas, que delimitam a faixa de ação para o comportamento, dizendo o que se deve fazer em casos particulares" (Zmitrowicz, 2007).

- **PROCEDIMENTOS:** Os procedimentos, ou rotinas, estabelecem precisamente o que deve ser feito em determinadas situações. Um procedimento descreve as regras ou as etapas a serem observadas na solução de um problema. Os procedimentos são conjuntos de atividades padronizadas.
- **ATIVIDADES:** As atividades envolvem o dispêndio de energia e recursos. Certas atividades são padronizadas e integram os procedimentos. Outras atividades precisam ser definidas uma a uma, quando é necessário colocar em prática uma decisão programada. De forma geral, a atividade cessa quando o objetivo é atingido.
- **RECURSOS:** Atividades, políticas e procedimentos precisam de recursos para sua realização ou execução. Devem ser dimensionados o tempo de execução, o espaço e as instalações, bem como o número de pessoas e a necessidade de equipamentos e de informações necessárias para a elaboração do plano. No processo de planejamento, a definição dos meios de execução estabelece os diferentes tipos de recursos que serão necessários, bem como o custo deste.

Definição dos meios de controle

A função de controle consiste em acompanhar a execução das atividades e o grau de realização dos objetivos. Para controlar, é preciso definir os meios de controle na fase do planejamento. Segundo Tom Peters (2007), "o melhor controle é o autocontrole".

Além disso, é importante destacarmos que, para controlar, devemos saber o que controlar e quais os indicadores necessários. Segundo Werner Bornholdt (1997, p. 185), para termos controle, devemos seguir estas regras para GESTÃO:

- estabelecer um indicador que meça os objetivos combinados entre a direção e as equipes;
- controlar todos os objetivos através de indicadores conhecidos pelos envolvidos;
- cobrir todas as combinações, realizadas ou não;
- reconhecer com elogios as combinações atingidas e superadas e penalizar de alguma forma quando o combinado não for atingido. No mínimo, devemos mostrar a nossa frustração.

Como podemos observar, a administração por resultados tem toda sua base nos objetivos que, por sua vez, têm seu alicerce nos planos que são componentes do planejamento de uma organização. E, nesse contexto, a gestão por meio dos objetivos é importante, porém estes de nada adiantam se não houver parâmetros para comparação e sistema de controle para acompanhamento, que deve apresentar uma dinâmica de HIERARQUIA DE CONTROLES que compreendem 15 situações subordinadas ao processo administrativo, como veremos na sequência.

Hierarquia dos controles

1. REMUNERAÇÃO DOS ACIONISTAS: Todos devem entender que o controle do lucro e do caixa tem como objetivo satisfazer os acionistas. Todos os sócios de um negócio querem ter "juros" mais "taxa de riscos" remunerados. Como a remuneração da aplicação de capital está relacionada ao lucro, e essa é a diferença entre o valor e os custos, todos os itens relacionados à percepção de valor (preço) e todos os itens relacionados ao custo (insumos + desperdícios) são prioritários nos controles das empresas.
2. SATISFAÇÃO DOS CLIENTES: Em uma empresa vencedora, todos os que nela trabalham sabem que é o cliente-

-consumidor que traz o dinheiro para dentro da empresa. E esse só vai trocar o seu dinheiro pelo produto ou serviço se tiver expectativas atendidas, isto é, se estiver satisfeito na sua avaliação de custo × benefício. Essa avaliação pode se dar de diversas formas:
- crescimento na participação de mercado;
- margem que o cliente permite ao seu fornecedor;
- devoluções, reclamações, chamadas de assistência técnica, perda de clientes, ganho de não clientes;
- outras (como imagem, satisfação etc.).

3. Lucro: Além da satisfação dos acionistas/sócios, a função do lucro é financiar o crescimento com pré-investimentos em pesquisa e desenvolvimento, capacidade produtiva, inovação tecnológica, giro dos estoques e financiamento a clientes, participação dos funcionários em melhorias salariais. Lucro é igual a receita menos despesas (custo) e este precisa ser identificado não apenas pelo total, mas analisado (avaliado) também por produto, cliente, por região, unidade de negócio, sendo, dessa forma, uma informação preciosa para a tomada de decisão.

4. Desperdício: O controle de desperdício é o mais eficaz em relação à produtividade e à qualidade. Os principais itens de controle estão relacionados a materiais, tempos, espaços e logística.

5. Controle da liquidez: A questão de liquidez é o controle de primeira prioridade, ou seja, manter a capacidade de pagamento dos compromissos. Esses controles podem ser feitos por meio de controles de adimplência, giro dos estoques, prazos de pagamento e recebimento.

6. Controles estratégicos: Os controles estratégicos estão relacionados com o constante acompanhamento dos fatores desse guia. É um processo de questionamento –

paradas para reflexão. É um processo de constantes adaptações e atualizações.

7. CONTROLE DAS POLÍTICAS: A visão e a missão continuam atualizadas? Os valores continuam compatíveis entre o discurso e a prática? Os objetivos e as políticas continuam compatíveis com o negócio e os cenários?
8. CENÁRIOS: O cenário macro sinaliza novas ameaças e oportunidades? O cenário operacional sofreu mudanças?
9. RECURSOS PREFERENCIAIS: Os recursos de *hard, soft* e do dinheiro estão prontos para mudanças? Onde se localizam as principais vulnerabilidades?
10. O NEGÓCIO: Continuamos no mesmo negócio? O negócio da empresa continua atualizado? Qual será o nosso negócio no futuro?
11. COMPETITIVIDADE: Onde estão os custos críticos da cadeia de valores? As estratégias competitivas são compatíveis com os cenários e negócios?
12. MUDANÇAS: A estrutura e a equipe estão em constante evolução? Continuamos em sintonia com o nosso mercado e o nosso consumidor?
13. OBJETIVOS: Os objetivos continuam válidos? Os planos de ação contemplam os desvios?
14. INDICADORES: Todos os gerentes têm seus indicadores atualizados com os seus objetivos? Os indicadores continuam integrados com as essencialidades?
15. CONTROLES: A avaliação de desempenho focaliza os controles? Os planos de capacitação focalizam os desvios?

Figura 3.1 – Mapa estratégico BSC

FINANÇAS
Para sermos bem sucedidos financeiramente, como deveríamos ser vistos pelos nossos acionistas?

CLIENTES
Para alcançarmos a nossa visão, como devemos ser vistos pelos nossos clientes?

VISÃO ESTRATÉGICA

PROCESSOS INTERNOS
Para satisfazermos nossos acionistas e clientes, em que processos de negócios devemos alcançar a excelência?

APRENDIZADO E CRESCIMENTO
Para alcançarmos nossa visão, como sustentaremos nossa capacidade de mudar e melhorar?

PREMISSAS
Objetivos
Metas
Indicadores
Ações
(projetos)

(.)

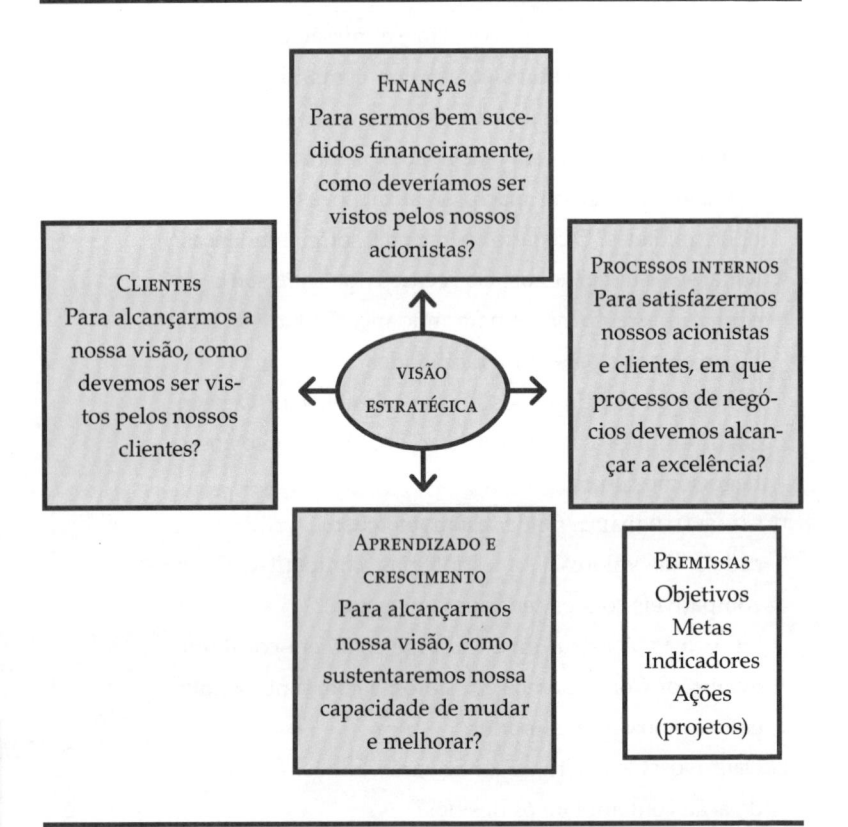

Ponto final

A administração por objetivos, na visão de Peter Drucker, veio consolidar um dos principais marcos do processo administrativo, ou seja, o planejamento com ênfase nos objetivos e voltado principalmente ao atendimento ao mercado, isto é, à visão de fora para dentro das organizações, envolvendo a integração de todos no processo, substituindo a hierarquia tal como vista anteriormente (Drucker, 1980). Quando se trabalha com planejamento, além dos objetivos, ou seja, APO (estratégia), devemos considerar o fator ESTRATÉGIA em si, que nos direciona para o caminho a seguir. Complementando, os autores Robert Kaplan e David Norton demonstram o acompanhamento da estratégia por meio do *balanced scorecard* no livro *A estratégia em ação* (1997), que trata especificamente do acompanhamento dos objetivos e seus indicadores para acompanhamento.

Atividades

1. Quais são os elementos comuns dos sistemas de administração por objetivos?
2. Quais os três grandes objetivos básicos e fundamentais de todas as organizações?
3. Por que, apesar de todos os modismos que se sucedem no campo das teorias da administração, a administração por objetivos continua ainda a ser utilizada?
4. Quais são os principais benefícios da administração por objetivos?
5. Por que a administração por objetivos provoca uma ruptura na organização?

(4)

Teoria comportamental e teoria do desenvolvimento organizacional

Luiz Fernando Barcellos dos Santos

As teorias comportamental e organizacional pressupõem o entendimento da cultura organizacional e das culturas adaptativas, além da fundamentação sobre os conceitos de mudança e adaptação.

(4.1)
Teoria comportamental

A abordagem comportamental preocupa-se com o aumento da produção por meio de uma maior compreensão de como são as pessoas. De acordo com os teóricos dessa abordagem, se os gerentes compreenderem seus funcionários e adaptarem as empresas a eles, o êxito organizacional será uma consequência natural.

Os resultados dos estudos na fábrica de Hawthorme avaliaram o reconhecimento da VARIÁVEL HUMANA dentro do processo produtivo. Os administradores começaram a perceber que precisavam compreender essa influência para que pudessem maximizar seus efeitos positivos e minimizar os negativos. Esses estudos deram início ao movimento das relações humanas, uma abordagem da administração que enfoca as pessoas, na qual a interação dos funcionários da empresa é estudada no que se refere ao seu impacto no êxito da organização.

A habilidade nas relações humanas é definida como a capacidade de trabalhar com pessoas a fim de promover o êxito empresarial. Quando a administração estimula a alta produtividade e o comprometimento dos funcionários com a empresa e com os seus objetivos, isso significa que as relações humanas são eficazes; no entanto, quando a administração gera baixa produtividade e os funcionários são pouco comprometidos, isso revela que as relações humanas são ineficazes.

Os grandes precursores da abordagem comportamental, segundo Cavarantes, Panno e Kloeckner (2005), são Maslow, McGregor e Likert. Esses estudiosos têm posicionamentos muito semelhantes em termos de teoria comportamental, pois consideram que:

- o ser humano, seja ele o gerente, seja ele o trabalhador, é uma unidade de análise com talentos a serem desenvolvidos e necessidades a serem satisfeitas;
- a liberação dos talentos, irá depender do ambiente de trabalho proporcionado pela organização;
- uma vez que são os gerentes que criam ou não os ambientes propícios para os outros gerentes e trabalhadores, então, suas atitudes, crenças e comportamentos são de profunda importância para o desempenho esperado.

Cada um desses autores propõe um caminho para obter melhor desempenho. Maslow tem o SER HUMANO AUTO-ATUALIZADO, que já superou suas necessidades básicas, como solução; McGregor propõe a TEORIA Y, enquanto Likert, por sua vez, tem o SISTEMA 4 como resposta. Em todas essas propostas, o como chegar a resultados por meio da abordagem comportamental é comum a todos eles, compreendendo a existência de educação de executivos e de treinamentos que provoquem a incorporação de novas atitudes e, como consequência, os comportamentos desejados.

A escola comportamental, no entanto, incorreu, segundo Chiavenato (2004b), no equívoco de padronizar suas propostas, não levando em conta as diferenças individuais (das pessoas). Ela procura explicar o comportamento humano tal como os cientistas explicam os fenômenos da natureza. Embora mais descritiva do que prescritiva, a teoria comportamental derrapa ao enfatizar o que é melhor para as organizações e para as pessoas, como é o caso de organizar (sistema 4) ou de administrar as pessoas (teoria Y).

De qualquer forma, sejam quais forem as críticas, a "teoria comportamental" deu novos rumos e dimensões à "teoria geral da administração", enriquecendo o seu conteúdo e a sua abordagem. Por essa razão, seus conceitos são os mais populares de toda a teoria administrativa, pois

Esta teoria trouxe novos conceitos sobre motivação, liderança, comunicação dinâmica de grupos, processo decisório, comportamento organizacional, estilos administrativos, que alteraram completamente os rumos da teoria administrativa, tornando-a mais humana e amigável. Um dos subprodutos da teoria comportamental foi o movimento pelo Desenvolvimento Organizacional, que iniciou na década de 1970 e está retornando agora com força total. (Boff Júnior, 2007)

Logo, quando tratamos de DESENVOLVIMENTO ORGANIZACIONAL, necessariamente devemos conhecer a CULTURA ORGANIZACIONAL, que é o primeiro passo para conhecermos uma organização.

Cultura organizacional

A cultura define o modo de se comportar das pessoas nas organizações. É a maneira costumeira ou tradicional de pensar e fazer as coisas, bem como de guiar o comportamento e a tomada de decisão do indivíduo. Cada organização tem a sua cultura, o que lhe dá identidade própria. A cultura manifesta-se em três diferentes planos: no plano visível dos artefatos, no plano dos valores compartilhados e nas pressuposições básicas que se depositam no seu íntimo.

A diversidade de pessoas de diferentes padrões culturais e o multiculturalismo, que a globalização trouxe, tornaram mais complexa a identificação da cultura organizacional. Existem culturas bem-sucedidas, isto é, que são flexíveis e inovadoras o suficiente para conduzir organizações para o sucesso, ao lado de culturas que impedem a renovação organizacional. Assim, podemos falar em CULTURAS ADAPTATIVAS, que se caracterizam pela constante revisão e atualização de seus padrões de conduta, ao lado de culturas conservadoras, nas quais predominam a manutenção e preservação de ideias, valores, costumes e tradições, os quais não mudam ao longo do tempo.

(4.2)
Teoria do desenvolvimento organizacional

Quando falamos em "teoria do desenvolvimento organizacional" (DO), estamos nos referindo à junção de ideias oriundas de várias correntes do pensamento (principalmente da década de 1960) cujos fundamentos foram os conceitos de MUDANÇA e ADAPTABILIDADE. Afirmamos isso, pois

> O desenvolvimento organizacional é uma mudança planejada, cujo foco principal está em mudar as pessoas e a natureza e qualidade de suas relações de trabalho. O desenvolvimento organizacional enfatiza a mudança cultural como base para mudança organizacional. Mudar a mentalidade das pessoas para que elas possam mudar e revitalizar a organização. French e Bell definem a DO como um esforço de longo prazo, apoiado pela direção, no sentido de melhorar os processos de resolução de problemas e de renovação organizacional particularmente através de um eficaz e colaborativo diagnóstico e administração da cultura organizacional, com ênfase nas equipes formais de trabalho, equipes temporárias e cultura intergrupal – com assistência de consultor facilitador e a utilização da teoria e tecnologia das ciências aplicadas ao comportamento, incluindo ação e pesquisa. (Feltrin, 2007d)

Isso, segundo Chiavenatto (citado por Feltrin, 2007d), implica alguns aspectos importantes no processo de gestão, a saber:

- **PROCESSOS DE SOLUÇÃO DE PROBLEMAS:** Referem-se aos métodos por meio dos quais a organização tenta resolver as ameaças e as oportunidades em seu ambiente.
- **PROCESSOS DE RENOVAÇÃO:** Referem-se às maneiras pelas quais os administradores adaptam seus processos de solução de problemas ao ambiente. O DO pretende melhorar os processos organizacionais de autorrenovação, tornando os administradores mais capazes de adaptar prontamente seu estilo gerencial aos novos problemas e às oportunidades que surgem.
- **ADMINISTRAÇÃO PARTICIPATIVA:** É o compartilhamento da administração com os funcionários, o que significa que os administradores colocam abaixo a estrutura hierárquica e fazem os funcionários assumirem um papel maior no processo de tomada de decisões. Para alcançarem essa mudança, os administradores devem conscientemente mudar a cultura organizacional por meio do compartilhamento de atitudes, crenças e atividades.
- **DESENVOLVIMENTO DE EQUIPES E FORTALECIMENTO DOS FUNCIONÁRIOS:** Criar equipes e atribuir responsabilidade e autoridade aos funcionários são elementos vitais na administração participativa, bem como dar força e autoridade às pessoas para que elas se sintam responsáveis pela mudança.
- **PESQUISA/AÇÃO:** Refere-se à maneira pela qual os agentes de mudança do DO aprendem sobre quais as necessidades organizacionais de melhoria e como a organização pode ser ajudada a fazer essas melhorias. Isso significa que ação de intervenção do DO é decorrente do diagnóstico efetuado pela pesquisa. A ação é específica para cada necessidade diagnosticada. A pesquisa/ação envolve:
    - diagnóstico preliminar do problema, feito pela equipe;

- obtenção de dados para apoio ao (rejeição do) diagnóstico;
- retroação de dados aos participantes da equipe;
- exploração dos dados pelos participantes para busca de soluções;
- planejamento da solução/ação apropriada ao diagnóstico;
- execução da solução/ação.

Principais técnicas do desenvolvimento organizacional

Nesse contexto, com o objetivo de viabilizar os conceitos do desenvolvimento organizacional na prática das empresas, algumas técnicas se destacam: treinamento da sensitividade, análise transacional, desenvolvimento de equipes, consultoria de procedimentos e reunião de confrontação.

a. Treinamento da sensitividade
Consiste em reunir grupos de treinamentos e que são orientados por um líder treinado para aumentar a sua sensibilidade quanto às suas habilidades e de [sic] dificuldades de relacionamento interpessoal. O resultado consiste em maior criatividade (menos temor dos outros e menos posição de defesa), menor hostilidade quanto aos outros (devido à melhor compreensão dos outros) e maior sensitividade às influências sociais e psicológicas sobre o comportamento em trabalho, isso geralmente favorece a flexibilidade do comportamento das pessoas em relação aos outros.

b. Análise transacional
É uma técnica que visa o [sic] autodiagnóstico das relações interpessoais. As relações interpessoais ocorrem através de transações. Uma transação significa qualquer forma de comunicação, mensagem ou de relação com os demais. É uma técnica

destinada a indivíduos e não a grupos, pois se concentra nos estilos e conteúdos das comunicações entre as pessoas. A análise transacional assemelha-se a uma terapia psicológica para melhorar o relacionamento interpessoal, permitindo a cada indivíduo autodiagnosticar sua inter-relação com os outros a fim de modificá-la e melhorá-la gradativamente.

c. Desenvolvimento de equipes
É uma técnica de alteração comportamental na qual várias pessoas de vários níveis e áreas da organização se reúnem sob a coordenação de um consultor ou líder e criticam-se mutuamente, procurando um ponto de encontro em que a colaboração seja mais frutífera, eliminando-se as barreiras interpessoais de comunicações pelo esclarecimento e compreensão de suas causas. A ideia básica é construir equipes através da abertura de mentalidade e de ação das pessoas.

d. Consultoria de procedimentos
É uma técnica em [que] cada equipe é coordenada por um consultor, cuja atuação varia enormemente. A coordenação permite certas intervenções para tornar a equipe mais sensível aos seus processos internos de estabelecer metas e objetivos, de participação, de sentimentos, de liderança, de tomada de decisões, confiança e criatividade.

e. Reunião de confrontação
É uma técnica de alteração comportamental com a ajuda de um consultor interno ou externo (terceira parte). Dois grupos antagônicos em conflito (desconfiança recíproca, discordância, antagonismo, hostilidade etc.) podem ser tratados através de uma reunião de confrontação que dura um dia, na qual cada grupo se autoavalia, bem como avalia o comportamento do outro, como se fosse colocado diante de um espelho. A reunião de confrontação é uma técnica de enfoque socioterapêutico para melhorar a

saúde da organização, incrementando as comunicações e relações entre diferentes departamentos ou equipes, e para planejar ações corretivas ou profiláticas. (Boff Júnior, 2007)

Principais limitações da DO

Como todo e qualquer programa ou concepção em relação a algo tão complexo quanto a gestão de uma empresa, também os processos do desenvolvimento organizacional apresentam pontos falhos. Entre eles, podemos destacar como aqueles que representam as principais limitações dessa teoria:

- *a eficácia de um programa de DO é difícil de ser avaliada;*
- *os programas de DO demandam muito tempo;*
- *os objetivos de DO são geralmente muito vagos;*
- *os custos totais de um programa de DO são difíceis de avaliar;*
- *os programas de DO são geralmente muito caros.* (Garó, 2007)

Na tentativa de resolver essas questões (limitações) o estudioso citado sugere que "para melhorar a qualidade dos esforços de DO", cabe ao administrador:

- *ajustar sistematicamente os programas de DO às necessidades específicas da organização;*
- *demonstrar como as pessoas podem mudar seus comportamentos como parte do programa;*
- *modificar os sistemas de recompensa da organização para premiar os membros que mudam seu comportamento de acordo com o programa.* (Garó, 2007)

(.)
Ponto final

A TEORIA COMPORTAMENTAL teve grande importância para a administração, pois Lewin e Maslow, principais pensadores da época, comprovaram que a eficiência nas organizações passa necessariamente por aspectos que são: o conhecimento do homem, o entendimento de seu comportamento, o processo de aprendizagem, a motivação etc. Quanto à TEORIA DO DESENVOLVIMENTO ORGANIZACIONAL, da década de 1970, sua grande virtude foi ter trazido de uma maneira progressiva e ordenada todos os conhecimentos calcados nas teorias comportamentais e na abordagem sistêmica para resolver problemas concretos enfrentados pelas organizações.

Atividades

1. Descreva quais as principais características da teoria comportamental.
2. Descreva as principais características do desenvolvimento organizacional.
3. O que significa o conceito de necessidades humanas, segundo Maslow?
4. Por que muitas organizações contratam consultorias especializadas em mudança organizacional como agentes externos de mudança?
5. Qual a influência da teoria comportamental para as organizações?

(5)

Teoria dos sistemas e
teoria da contingência

Luiz Fernando Barcellos dos Santos

Pelo fato de a abordagem sistêmica da administração estar baseada na teoria geral dos sistemas, nela a análise da situação administrativa é enfatizada como sistema, enquanto a abordagem contingencial enfatiza que o que um administrador faz na prática depende ou está condicionado a um conjunto de circunstâncias – uma situação.

(5.1)
Teoria dos sistemas

Ludwig von Bertalanffy é reconhecido como fundador da teoria dos sistemas. Segundo esse pensador, há dois tipos de sistemas: o fechado e o aberto. A principal premissa dessa teoria diz que, para compreender totalmente o funcionamento de uma entidade, esta deve ser vista como um sistema (Bertalanffy, 1975).

Um sistema é um conjunto de partes interdependentes que funcionam como um todo para algum propósito. Por exemplo: de acordo com a teoria geral dos sistemas, para compreender o funcionamento do corpo humano, uma pessoa precisa entender como funcionam suas partes interdependentes (ouvidos, olhos, cérebro etc.).

Sistemas fechados são aqueles não influenciados por aquilo que os cerca e que não se integram ao meio em que estão. Em sua maioria, são mecânicos e dotados de atividades ou movimentos predeterminados que são executados sem levar em conta o meio em que se inserem. Um relógio é um exemplo de sistema fechado. Independentemente de seu meio, os componentes do mecanismo de um relógio devem funcionar de maneira predeterminada para que o relógio exista como um todo e sirva a seu propósito.

Os sistemas abertos, por sua vez, interagem continuamente com o meio em que se inserem. Uma planta é um exemplo de sistema aberto. A constante interação com o meio ambiente influencia as condições de existência da planta e o seu futuro. De fato, o ambiente determina se a planta viverá ou não.

Componentes e características de um sistema

O sistema deve ser visto como um todo e modificado apenas por meio de alterações em suas partes. Antes que as modificações das partes possam ser feitas para o benefício geral do sistema, deve haver o conhecimento minucioso de como funciona cada parte e da inter-relação entre elas. L. Thomas Hopkins, segundo por Barnat (2007), sugeriu seis critérios para executar uma análise de sistemas, a saber:

1. o todo deve ser o principal foco da análise e as partes devem receber atenção secundária;
2. a integração é a principal variável na análise da totalidade. É definida como a inter-relação das muitas partes com o todo;
3. possíveis modificações em cada parte devem ser consideradas em relação a seus possíveis efeitos sobre cada uma das partes;
4. cada parte tem um papel a desempenhar de modo que o todo possa cumprir o seu propósito;
5. a natureza de uma parte e a sua função são determinadas por sua posição no todo;
6. a análise (seja qual for) tem início pela existência do todo. As partes e suas inter-relações devem, então, desenvolver-se de modo que cumpram o propósito do todo.

Além disso, devemos levar em consideração que, em um sistema, são vários os componentes, como: insumos, processamento, saídas, entropia, homeostase e retroalimentação.

- INSUMOS (entradas, *inputs*): Constituem a energia importada para o funcionamento do sistema: recursos materiais, humanos, financeiros e tecnológicos. A organização por inteiro depende de uma maior ou menor quantidade de homens para nela trabalhar, bem como de máquinas, de matéria-prima a ser processada, de recursos financeiros, de capital de giro, e assim por diante.

- PROCESSAMENTO (*throughput*): A organização, internamente, deve ter um certo tipo de estruturação ou arrumação que lhe permita transformar os insumos recebidos em algo desejável e esperado. A estrutura depende, em grande parte, da natureza das tarefas e da tecnologia a ser empregada.

- SAÍDAS (produto, *output*): Corresponde aos insumos (matérias-primas) processados e transformados em produto(s) destinado(s) ao cliente, ou seja, um produto que será destinado ao mercado.

- ENTROPIA: É a tendência natural dos organismos, quaisquer que sejam, no sentido da desagregação. Os sistemas físicos, fechados, estão sujeitos à força da entropia, que aumenta até que, em determinado momento, o sistema inteiro pare. Um exemplo esclarecedor é o da máquina que, pelo uso, tende a deteriorar-se. Entretanto, no sistema biológico ou social, aberto, a entropia pode ser interrompida, transformando-se no que é chamado de *entropia negativa* ou *homeostase*. Isso significa que, nos sistemas abertos, os *inputs* (material, energia, informação), provenientes do ambiente externo, permitem que o sistema busque novos rumos e se desenvolva.

- HOMEOSTASE: É o oposto da entropia. No organismo humano, o processo homeostático se faz presente, automaticamente, sempre que há um distúrbio no sistema. Nas organizações, o processo homeostático não apresenta a mesma característica, ou seja, ele não é automático. É preciso que a organização crie dispositivos corretivos para o reequilíbrio. Isso significa que

é necessária uma ação direta e consciente dos executivos sempre que algo não está de acordo com o previsto.
- Retroalimentação (realimentação – *feedback*): É a capacidade de o sistema reajustar sua conduta em função do desempenho já ocorrido. Se levarmos em conta que a organização, como um sistema aberto, atua em determinado ambiente, vivendo em interação com ele, é preciso que a empresa tenha mecanismos que captem o impacto do seu entorno, de modo a manter ou alterar seu futuro.

Modelo orgânico de gestão

A nova visão de empresa diz que ela não deve ser mais considerada como uma pirâmide na qual as ordens descem da cúpula de nível em nível, mas, sim, como um corpo vivo, ou seja, composta de órgãos, que podem ser interpretados como "microempresas", com seus clientes internos e externos. Como tal, a organização tem fornecedores de serviços e de informações; tem sua estratégia, que faz parte da macroestratégia; tem seus objetivos, suas metas, seus produtos, seus serviços, sua qualidade, seus custos e seus benefícios.

O que justifica a existência de um órgão é que ele produza os esforços desejados pelos seus clientes, pelo menor custo possível, no prazo certo, com as características certas. O que é certo é definido pelos clientes, e não por quem presta o serviço.

O responsável por uma microempresa é o gerente. Os diretores são os orquestradores, regentes, coordenadores. A excelência do desempenho da empresa depende, portanto, dos gerentes. Sendo que o início desse processo, na situação atual, interna e externa, parte de duas preocupações-chave:

- Como deve funcionar no seu todo a empresa bem organizada?
- Como reduzir a estrutura de custos?

Para responder a essas perguntas, é necessário definir quais os órgãos que devem compor a organização e quais as funções dos diretores, gerentes e supervisores. O modelo orgânico de gestão é o mais praticado pelo neoliberalismo. Ele parte do princípio de que a intuição e a razão devem ter igual valor. Na prática, esse modelo administrativo prega que a administração acontece e é bem sucedida quando centra um percentual de 50% das ações nas pessoas e de 50% nos sistemas.

As bases estruturais do sistema orgânico são: a FILOSÓFICA, ou seja, a história e a antropologia, e a BASE TÉCNICO-CIENTÍFICA, isto é, a biologia e a matemática.

Figura 5.1 – Esquema global da organização

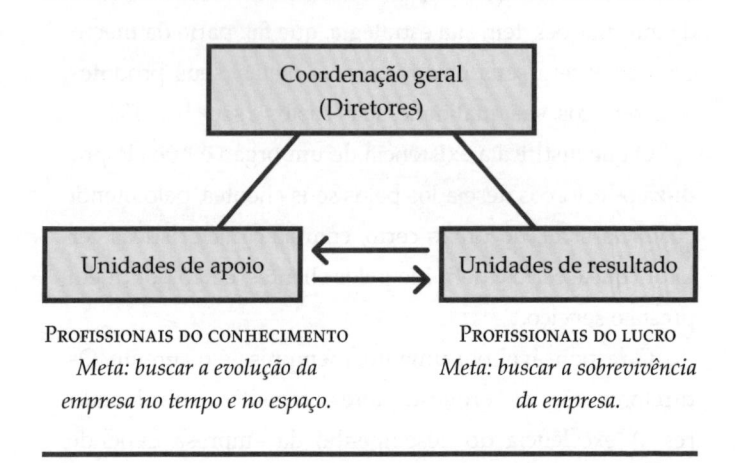

```
                  ┌─────────────────────┐
                  │  Coordenação geral  │
                  │    (Diretores)      │
                  └──────────┬──────────┘
                 ┌───────────┴───────────┐
    ┌────────────────────┐       ┌────────────────────┐
    │ Unidades de apoio  │ ←───→ │ Unidades de resultado │
    └────────────────────┘       └────────────────────┘
```

PROFISSIONAIS DO CONHECIMENTO 　　PROFISSIONAIS DO LUCRO
Meta: buscar a evolução da　　　　*Meta: buscar a sobrevivência*
empresa no tempo e no espaço.　　　　*da empresa.*

Quadro 5.1 – Processo biológico de formação/renovação

Processo biológico	Processo organizacional
Meio ambiente	Organização
Alimentação	Informação
Sangue	Dinheiro
Células	Indivíduo
Tecidos	Grupos
Órgão	Unidades de resultado ou apoio
Sistemas	Controladoria
Corpo	Empresa
Saúde	Riqueza
Vida	Vida

Apoio × resultados

- Apoio: Nas funções de apoio, atuam profissionais do conhecimento, os chamados *técnicos*: engenheiros; advogados; contadores; analistas; assistentes etc. Nelas são produzidas as pesquisas e/ou os estudos. São atividades de apoio: *marketing*; contabilidade; custos; PCP; RH; controladoria; informática; tecnologia; departamento pessoal etc.;
- Resultado: Nas funções de resultado, os profissionais são representados pelos gerentes e supervisores (fazem negócios, lideram pessoas e geram lucro). Nelas são realizados os negócios. Como exemplo, podemos citar: compras; vendas; produção; finanças etc.

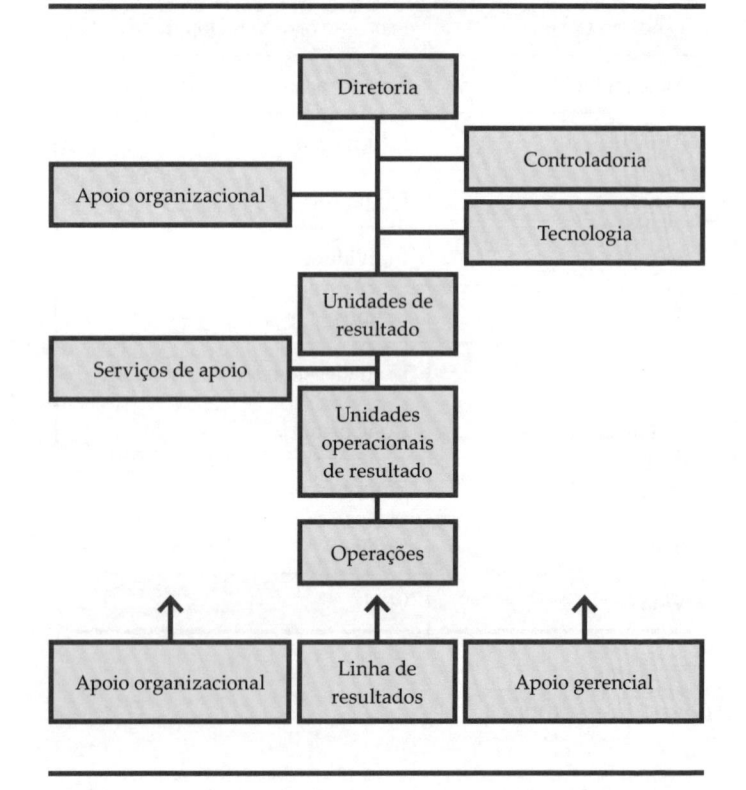

Figura 5.2 – Visão geral do modelo orgânico de gestão

```
                    ┌───────────┐
                    │ Diretoria │
                    └─────┬─────┘
                          │      ┌──────────────┐
                          ├──────│ Controladoria│
┌──────────────────────┐  │      └──────────────┘
│ Apoio organizacional │──┤      ┌──────────────┐
└──────────────────────┘  ├──────│  Tecnologia  │
                          │      └──────────────┘
                    ┌───────────┐
                    │Unidades de│
                    │ resultado │
┌──────────────────┐└─────┬─────┘
│ Serviços de apoio│──────┤
└──────────────────┘┌───────────┐
                    │ Unidades  │
                    │operacionais│
                    │de resultado│
                    └─────┬─────┘
                    ┌───────────┐
                    │ Operações │
                    └───────────┘
                 ↑        ↑         ↑
┌──────────────────────┐┌──────────┐┌───────────────┐
│ Apoio organizacional ││ Linha de ││Apoio gerencial│
│                      ││resultados││               │
└──────────────────────┘└──────────┘└───────────────┘
```

(5.2)
Teoria da contingência

Essencialmente, essa abordagem enfatiza as relações condicionais (se... então...). Se essa variável situacional existe, então essa será a provável atitude que um administrador tomaria. Por exemplo: se um gerente tivesse um grupo de subordinados inexperientes, a abordagem contingencial recomendaria que o administrador os liderasse de uma maneira diferente do que se os subordinados fossem experientes.

Em geral, a abordagem contingencial tenta delinear condições ou situações nas quais vários métodos de administração tenham melhores chances de êxito. Essa abordagem está baseada na premissa de que, embora ainda não exista um método ideal para resolver um problema administrativo em todas as empresas, provavelmente existe um método ideal para resolver qualquer problema administrativo em qualquer empresa.

Principais desafios da abordagem contingencial

Na realidade das empresas e ou das organizações, de um modo geral, a "contingência" faz parte do dia a dia, pois, com a evolução da tecnologia, principalmente em termos de informação, os gestores são obrigados a decidir sobre novos paradigmas em todas as áreas. E, por mais previsibilidade que possa haver em um planejamento, sempre acontece um imprevisto. É quando entra a abordagem contigencial.

A *contingência*, segundo Chiavenato (Chiavenato, 2004b), significa uma eventualidade, uma possibilidade de algo acontecer ou não. Isso significa que, no mundo atual, não servem mais os princípios gerais e universais de administração válidos para toda e qualquer situação. Eles foram úteis quando o mundo dos negócios era relativamente estático e previsível. Hoje, caducou o princípio da organização definitiva e permanente feita para durar todo o sempre. Pelo contrário, tudo é contingencial, efêmero e evanescente; a única constante do mundo atual é a mudança. Assim, os principais desafios da abordagem contingencial são:

- perceber as situações da empresa do modo como elas realmente são;

- escolher a tática administrativa mais adequada a essas situações;
- implementar essas táticas de maneira competente (Certo, 2003).

A TEORIA DA CONTINGÊNCIA é, segundo Caravantes (1998), como um rebento da TEORIA DE SISTEMAS. Dois de seus princípios básicos podem ser assim formulados:

- não há uma melhor maneira de se organizar;
- determinada forma de organizar não será igualmente eficaz em todas as situações.

Tais postulados confrontam diretamente as noções de otimização apregoadas e cultivadas por muitos teóricos organizacionais. A teoria da contingência se pauta pela hipótese geral orientadora de que aquelas organizações cujas características internas mais bem se adéquam às demandas de determinado ambiente são as que conseguirão um melhor nível de adaptação, garantindo, assim, a sobrevivência e o êxito.

O grande mérito da abordagem contingencial é fazer com que a gerência – normalmente concentrada nos problemas internos da organização e nas tarefas – volte seus olhos para o ambiente, deixe de olhar para si e olhe para o seu redor. E, no momento em que ela faz isso, acaba por descobrir os parâmetros e os elementos-chave para orientar o seu desempenho: o competidor, os apoios e, especialmente, o cliente e os resultados por ele esperado.

As organizações são visualizadas, no cenário contemporâneo, como entidades em contínuo desenvolvimento e mudança para alcançar ajustamento adequado ao ambiente. Nelas, tudo pode e deve ser continuamente melhorado e aperfeiçoado para a obtenção desse ajustamento contínuo.

(.)
Ponto final

Na abordagem da teoria dos sistemas, verifica-se uma visão ampliada dos problemas organizacionais em contraposição à antiga abordagem do sistema fechado. A visão do ser humano funcional dentro das organizações é a principal decorrência sobre a concepção da natureza humana. Apesar do grande impulso, a teoria dos sistemas ainda carece de melhor sistematização e detalhamento, pois sua aplicação prática ainda é incipiente. Quanto à abordagem contingencial, em sua essência, aborda a interligação do ambiente. As características das organizações são decorrentes do que existe fora delas: seus ambientes. Segundo os seguidores dessa abordagem administrativa, as organizações escolhem seus ambientes e depois passam a ser condicionadas por eles, devendo adaptar-se a eles para poderem sobreviver.

Atividades

1. Quais são as principais características do sistema orgânico de gestão?
2. Qual o conceito da teoria da contingência?
3. Qual o conceito de sistemas?
4. Quais os fundamentos básicos da teoria geral dos sistemas?
5. Com base no enfoque contingencial, é possível pensar em um modelo ideal de planejamento organizacional? Justifique sua resposta.

(6)

A organização que aprende e a tecnologia da informação

Luiz Fernando Barcellos dos Santos

Estar em sintonia com as novas tecnologias e com as novas práticas organizacionais significa se fazer presente no movimento de contínuas transformações que, por sua vez, constituem-se na marca registrada deste nosso período histórico (final do século XX e início do século XXI).

(6.1)

A organização que aprende

Uma ORGANIZAÇÃO QUE APRENDE é aquela que se ocupa em criar, adquirir, transferir conhecimentos e alterar comportamentos com base nesses novos conhecimentos. Organizações que aprendem se preocupam com a solução sistemática de problemas, com a experimentação de novas ideias, com o aprendizado com base na experiência e em fatos históricos, com o aprendizado baseado em experiências alheias e com a rápida transferência de conhecimentos dentro da empresa como um todo.

Os administradores que desejam criar uma organização que aprende devem promover um ambiente que conduza ao aprendizado e encorajar a troca de informações entre todos os membros da empresa. Honda, Toyota, General Electric, Grupo Gerdau, Randon, Grandene, Petrobras e Vale do Rio Doce são organizações bem-sucedidas que aprendem.

Construir uma organização que aprende, de acordo com Senge (1990), consiste em implementar, dentro da empresa, cinco características: pensamento sistêmico, visão comum, desafio aos modelos globais, aprendizagem em grupo e compromisso pessoal.

- O PENSAMENTO SISTÊMICO: Cada membro da empresa compreende a natureza de seu trabalho e como este se encaixa no processo de fornecimento de produtos finais ao cliente.
- A VISÃO COMUM: Todos os membros possuem uma visão comum do propósito da empresa e um sincero comprometimento a fim de alcançar esse propósito.

- O DESAFIO AOS MODELOS MENTAIS: Os membros da empresa constantemente desafiam o modo como são feitos os negócios e os processos de pensamento que as pessoas utilizam para solucionar problemas da empresa.
- A APRENDIZAGEM EM GRUPO: Juntos, os membros de uma empresa trabalham, desenvolvem e implementam soluções para novos problemas. O trabalho em equipe, em detrimento do trabalho individual, ajudará as empresas a reunirem esforços coletivos a fim de alcançar seus objetivos.
- O COMPROMISSO PESSOAL: Todos os membros da empresa são comprometidos no sentido de obter uma rica e profunda compreensão de seu trabalho. Essa compreensão ajudará as empresas a superarem os importantes desafios que enfrentam.

(6.2)
A tecnologia da informação (TI)

A década de 1990 marca, segundo Chiavenato (2004b), a era da informação, graças ao impacto provocado pelo desenvolvimento tecnológico e à TI. Na era da informação, o capital financeiro cede o trono para o capital intelectual. A nova riqueza passa a ser o conhecimento, este, portanto, o recurso organizacional mais valioso e importante.

O processo de desenvolver informações começa com o recolhimento de alguns tipos de fatos ou de estatísticas, chamados de *dados*. Uma vez recolhidos, os dados são analisados de alguma maneira. Em termos gerais, a informação é o conjunto de conclusões derivado da análise dos dados e, em termos administrativos, é o conjunto de conclusões derivado da análise dos dados relativos ao funcionamento de uma empresa (Certo, 2003).

Na nova era, quanto mais poderosa a TI, mais informado e poderoso se torna seu usuário – seja ele a pessoa, seja a organização, seja o país. A informação é a fonte de energia da organização: seu combustível é o mais importante recurso ou insumo.

Embora não tenha surgido ainda um corpo estruturado e integrado de ideias capazes de formar uma nova teoria administrativa, as modernas abordagens em plena era da informação privilegiam aspectos organizacionais, como a simplicidade, a agilidade, a flexibilidade, o trabalho em equipes e em células de produção, as unidades autônomas, além de aspectos culturais, como a ampla participação, o comprometimento, a focalização nos clientes interno e externo, a orientação para metas e resultados, a busca da melhoria constante e da excelência. A competitividade costuma ser o resultado de toda essa preocupação (Chiavenato, 2004b).

Encontramos, em Araújo (2004), a seguinte afirmação:

> A Tecnologia da Informação não deve ser trabalhada e estudada de forma isolada. Sempre é necessário envolver e discutir as questões conceituais dos negócios e das atividades empresariais, que não podem ser organizadas e resolvidas simplesmente com os computadores e seus recursos de software, *por mais tecnologia que detenham.*

São atividades típicas desenvolvidas por profissional de carreira técnica:

- definir conceitualmente os termos e vocábulos usados na empresa;

- estabelecer o conjunto de informações estratégicas;
- atribuir responsabilidades pelas informações;
- identificar, otimizar e manter o fluxo de informações corporativas, ou seja, mantê-lo sempre operante, com agilidade e segurança, independentemente de pessoas ou situações favoráveis;
- mecanizar os processos manuais;
- organizar o fluxo de informações para apoio às decisões gerenciais.

Figura 6.1 – Principais variáveis da administração

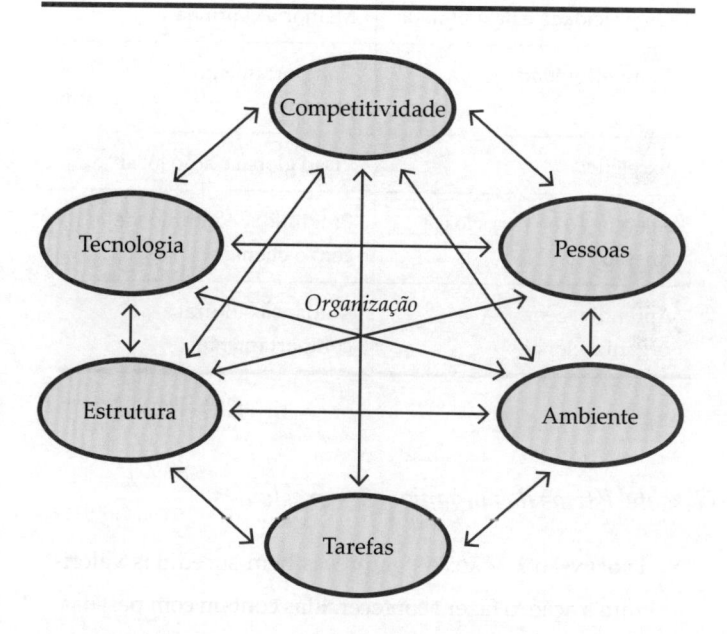

```
              Competitividade
    Tecnologia          Pessoas
              Organização
    Estrutura           Ambiente
                Tarefas
```

Fonte: Chiavenato, 2004b.

Quadro 6.1 – Nova orientação na era da informação

Aspectos organizacionais	Aspectos culturais
Redes internas de equipes e grupos	Participação e envolvimento
Células de produção	Comprometimento pessoal
Unidades estratégicas de negócios	Orientação para o cliente ou usuário
Simplicidade e agilidade	Focalização em metas e resultados
Organicidade e flexibilidade	Melhoria contínua
Competitividade	Comportamento ágil e proativo
Excelência	Visão global e ação local
Adequação ao negócio e à missão	Proximidade/intimidade com o cliente
Aprendizagem organizacional	Mudança cultural e comportamental

Fonte: Chiavenato, 2004b.

Características das organizações excelentes

- Propensão à ação: As empresas bem-sucedidas valorizam a ação, o fazer acontecer. Elas contam com pessoas que fazem, que tentam e que também praticam erros.
- Proximidade do cliente: As empresas bem-sucedidas são orientadas para o cliente. O valor dominante é a satisfação das necessidades deste, através da qualidade, do excelente serviço, da confiabilidade ou da inovação do produto. Vendas e serviços pós-vendas são

intensamente valorizados. Os gerentes entram em contato com os clientes, conhecem suas necessidades e têm novas ideias.

- AUTONOMIA OPERACIONAL E ESPÍRITO EMPREENDEDOR: A estrutura organizacional das empresas inovadoras encoraja a mudança e a inovação. O pessoal técnico é localizado próximo ao pessoal de *marketing* para trabalhar em conjunto. As unidades organizacionais são pequenas para criar um senso de pertencimento e de adaptabilidade.
- PRODUTIVIDADE ATRAVÉS DAS PESSOAS: As pessoas são consideradas as raízes da qualidade e da produtividade nas empresas excelentes. Elas são encorajadas a participar nas decisões de produção, *marketing* e novos produtos. As ideias conflitantes são deliberadas para que uma solução seja aventada. A habilidade de trabalhar por meio do consenso preserva a confiança e proporciona sentimento de família, que aumenta a motivação e facilita tanto a inovação como a eficiência. É o respeito mútuo.
- ORIENTAÇÃO PARA VALORES: As companhias excelentes são muito claras quanto ao seu sistema de valores. Os gerentes e funcionários sabem o que a empresa pretende. Os líderes proporcionam uma visão do que deve ser feito e dão aos empregados um senso de propósito e significado. Eles se envolvem em problemas de todos os níveis.
- FOCALIZAÇÃO NO NEGÓCIO: As empresas bem-sucedidas agarram firme o negócio que elas conhecem e compreendem. Elas são estreitamente focalizadas em seus negócios; fazem aquilo que sabem fazer melhor, e melhor do que ninguém.
- FORMATO SIMPLES E *STAFF* ENXUTO: A forma estrutural e sistêmica das empresas excelentes é elegante, simples e com pouco pessoal nas posições de assessoria (*staff*).

As grandes empresas são subdivididas em pequenas divisões ou unidades estratégicas de negócios. A hierarquia vertical é extremamente compactada.
- CONTROLES SIMULTANEAMENTE SOLTOS E APERTADOS: As empresas excelentes utilizam controles apertados e severos em algumas áreas e controles frouxos e soltos em outras. O controle centralizado e apertado é utilizado para valores íntimos da empresa.

(.)
Ponto final

O recurso mais importante na nova organização é a TI; por trás dela, está o computador. A TI ainda não conseguiu gerar os benefícios de produtividade e desempenho mirados pelas organizações. Entre as principais razões para esse fato, destacamos:

- os administradores têm uma compreensão limitada de o que a TI pode proporcionar à organização. Quase sempre estão preocupados com redução de custos e de economias, bem como querem reduzir tarefas e pessoas;
- a TI é usada como meio de coletar dados e de sustentar processos com estatísticas. O foco no processamento de dados "já era". A TI é mais do que uma ferramenta para coletar dados e transformar em informações;
- a TI transformou-se em mais uma função na organização, quando deveria ser um recurso à disposição de todos. Em vez de automatizar tarefas, a TI deveria, acima de tudo, informar as pessoas.

Atividades

1. Explique com suas palavras o significado de uma organização que aprende.
2. Quais são as principais variáveis da administração?
3. Quais são os fatores que tendem a limitar a utilidade de informação e de que maneira esses fatores podem ser superados?
4. O que são decisões de controle operacional e decisões de planejamento estratégico? O que caracteriza a informação adequada para tomada de cada uma dessas decisões?

(7)

Qualidade total

O primeiro conceito expresso sobre qualidade é de que a noção desse termo depende da percepção de cada indivíduo. Juran (1993, p. 16) afirma que qualidade é adequação do uso, ou seja, o usuário de um produto ou de um serviço pode contar com ele para desempenhar o que lhe foi determinado. Segundo o autor, as definições da palavra *qualidade* incluem certas expressões ou palavras--chave que requerem definições próprias, como: produto, característica do produto, cliente, satisfação com o produto, satisfação do cliente e deficiência (Juran, 1993).

- PRODUTO: É a saída de qualquer processo; consiste principalmente em bens, *softwares* e serviços.
- CARACTERÍSTICAS DO PRODUTO: Corresponde a uma propriedade de determinado produto, que visa atender certas necessidades dos clientes e, dessa maneira, prover satisfação ao cliente.
- CLIENTE: É qualquer um que recebe ou é afetado pelo produto ou processo. Os clientes podem ser internos (são afetados pelo produto e são membros da empresa que o fabrica) ou externos (são afetados pelo produto, mas não são membros da empresa que o produz).
- SATISFAÇÃO COM O PRODUTO E A SATISFAÇÃO DO CLIENTE: A satisfação com o produto é atingida quando as características do produto respondem às necessidades do cliente, portanto, à satisfação do cliente.
- DEFICIÊNCIA: É a falta de um item ou aspecto que resulta na insatisfação com o produto.

A qualidade é concebida por Moller (1992, p. 14) como integrada por dois fatores: a qualidade técnica (lucros) e a qualidade humana (além dos lucros). A qualidade técnica visa satisfazer exigências e expectativas concretas, tais como tempo, qualidade, finanças, taxa de defeitos, função, durabilidade, segurança, garantia. A qualidade humana, por sua vez, visa satisfazer às expectativas e aos desejos emocionais, como lealdade, comprometimento, consistência, comportamento, credibilidade, atitudes e atenção. É importante ressaltar que os conceitos de qualidade técnica e qualidade humana são complementares.

Qualidade é mais do que um modelo de gestão. Para Lee (citado por Winder, 1994), é uma filosofia e terá um impacto maior que qualquer outro movimento na economia global deste século. Afirma Baker (1992) que o paradigma da qualidade é essencial à excelência e que, na passagem para o terceiro milênio, já era necessária até para se manter no mercado.

Dentro do conceito de "qualidade", sob esse prisma, como forma de gestão nas organizações, há uma descentralização na qual cada funcionário é responsável pela qualidade de seu trabalho, em qualquer nível, e pela satisfação de seu cliente interno.

> *Em toda organização há uma extensa cadeia de qualidade: cada funcionário tem seu fornecedor interno (que lhe proporciona insumo) e o seu cliente interno (que recebe o resultado do seu trabalho). A cadeia de qualidade é uma maneira pela qual cada funcionário ou operário tenta melhorar o seu trabalho para satisfazer o cliente interno e tenta comunicar ao fornecedor interno quais são os seus requisitos.* (Diniz, 2004)

Assim, A CADEIA DE QUALIDADE agrega valor à organização e aos seus funcionários e transforma-se em uma cadeia de valor, que está substituindo a cadeia escalar nas organizações que trocaram a hierarquia vertical pela organização horizontal.

No final da CADEIA DE VALOR está o cliente externo, que mais se beneficia com a criação de valor. O cliente externo é o último consumidor dos bens e dos serviços produzidos, enquanto que o cliente interno está dentro das organizações.

(7.1)
Direções da qualidade

A qualidade passou a ser um requisito fundamental para as organizações e, principalmente, a partir das certificações

ISO 9000 (certificação internacional), não apenas para o produto ou serviço em si, mas indo além, considerando também o ambiente e a sua cadeia produtiva, tornando-se uma necessidade tanto em relação ao mercado como para a própria sobrevivência das organizações.

Direções em relação às necessidades dos clientes

- aumentar a satisfação com o produto;
- tornar os produtos vendáveis;
- atender à competição;
- aumentar a participação no mercado;
- fornecer faturamento de vendas;
- conseguir preços vantajosos;
- principal efeito reside nas vendas;
- geralmente mais qualidade custa mais. (Queiroz, 2007)

Direções em relação à produtividade

- reduzir a frequência de erros;
- reduzir o trabalho e o desperdício;
- reduzir falhas de campo e despesas com garantias;
- reduzir a insatisfação do cliente;
- reduzir as inspeções e os testes;
- diminuir o tempo necessário para colocar novos produtos no mercado;
- aumentar o rendimento e a capacidade;
- melhorar o desempenho de entrega;
- o principal efeito reside nos custos;
- geralmente, mais qualidade custa menos. (Queiroz, 2007)

(7.2)
Modelo de gerenciamento da qualidade total

Todos devem ser treinados nos fundamentos da gestão disciplinada. "A gerência de qualidade total deve estar comprometida com o controle dos processos, que é uma tarefa exercida por todos e da qual todos devem participar, independentemente do nível hierárquico" (Caravantes, 1998).

Controlar processos com vistas à qualidade significa identificar as características verdadeiras da qualidade desejada pelos consumidores (itens por meio dos quais são controlados os processos), bem como as características substitutas da qualidade (causas que afetam os processos), ou seja, ter uma compreensão correta da relação entre as características verdadeiras de qualidade e as características substitutas de qualidade.

O controle do processo, de acordo com Oakland (1994), deve ser realizado por meio do método da espiral, isto é:

- avaliar a situação e definir os seus objetivos;
- planejar para realizar inteiramente esses objetivos;
- fazer, isto é, implementar;
- verificar se os objetivos foram atingidos;
- aperfeiçoar, ou seja, executar ações corretivas.

De acordo com Caravantes (1998), "A eficácia da organização e de seu pessoal depende do empenho com que cada pessoa e cada departamento desempenha seu papel e se move no sentido das metas e dos objetivos comuns". Ainda se constitui uma característica dessa concepção de gestão o controle, que "é o processo pelo qual são fornecidas informações de *feedback* para manter todas as funções em suas respectivas linhas" (Caravantes, 1998).

Clientes e fornecedores

A capacidade de atender às exigências do cliente é vital, não apenas entre duas organizações diferentes, mas dentro da própria empresa (Oakland, 1994). A ideia de clientes/fornecedores internos e externos constitui o núcleo da qualidade total.

Para que seja obtida qualidade por meio de toda uma organização, conforme especifica Oakland (1994), cada pessoa da cadeia de qualidade deve questionar cada interface.

Cliente

- Quem são os meus clientes imediatos?
- Quais são os seus verdadeiros requisitos?
- Como posso identificar esses requisitos?
- Como posso medir minha capacidade para atendê-los?
- Será que disponho da necessária capacidade para atendê-los?
- Será que estou atendendo aos requisitos continuamente?
- Como controlo as mudanças nos requisitos?

Fornecedores

- Quem são os meus fornecedores imediatos?
- Quais são os meus verdadeiros requisitos?
- Como comunico esses requisitos?
- Meus fornecedores têm capacidade para avaliar e atender aos meus requisitos?
- Como lhes informo as mudanças em meus requisitos?

Comprometimento e liderança

Nas palavras de Caravantes (1998), "Para ser bem-sucedido na promoção da eficácia e da eficiência da empresa, o gerenciamento da qualidade total deve ser de fato aplicado em todas as áreas e começar pelo topo, com o diretor executivo ou seu equivalente". A gerência média deve não apenas dominar os princípios do *Total Quality Management* (TQM), mas também explicá-los aos funcionários sob sua chefia e estar segura de que o seu comprometimento com a qualidade foi transmitido a seus subordinados. Esse nível de gerência deve também assegurar que os esforços e as realizações de seus subordinados obtenham o reconhecimento, a atenção e a recompensa que merecem.

Existem, segundo Caravantes (1998), cinco requisitos para uma liderança eficaz:

1. desenvolver e publicar o credo e os objetivos de sua organização – sua missão;
2. desenvolver estratégias claras e eficazes e planos de apoio para realizar a missão e atingir os fatores críticos de sucesso (os fatores críticos de sucesso são os que devem ser alcançados para realizar a missão);
3. identificar os *fatores* (termo utilizado para as submetas mais importantes de um negócio ou uma organização);
4. revisar a estrutura gerencial;
5. delegar autoridade, o que estimula a participação dos funcionários.

O requisito final da liderança eficaz, segundo Drucker (1980), é ganhar confiança. Caso contrário, não haverá seguidores, e a única definição de um líder é aquele que os tem ao seu lado.

Cultura

As organizações podem ser consideradas um ser vivo com personalidade. Seu comportamento traduz-se por tradição, hábitos, costumes, opiniões, atitudes, preconceitos, regulamentos e maneiras de resolver problemas – conjunto que constitui a cultura organizacional.

A mudança cultural, de acordo com Souza (1978), inicia-se frequentemente por seu efeito: o clima. Para mudar a cultura, torna-se necessário um clima que seja, ao mesmo tempo, um misto de segurança/aceitação e desafio/confrontação.

A mudança de hábitos e de comportamentos requer a mudança dos critérios de reconhecimento e de recompensa. No momento em que as pessoas em uma organização são reconhecidas, no momento em que elas percebem que a organização recompensa o comportamento certo, elas o aceitam.

Comunicação

As atitudes e o comportamento das pessoas podem ser influenciados pela comunicação, e a essência da mudança de atitude é ganhar aceitação por meio de processos de comunicação existentes.

> *Um bom padrão de comunicação só existe quando se cria um ambiente aberto, livre, não manipulativo, em que as necessidades de defesa são minimizadas. Um bom padrão de comunicações exige uma atmosfera de aceitação, especialmente quando há divergências de opiniões e perspectivas; supõe liberdade de manifestar tanto opiniões como sentimentos com autenticidade, especialmente na presença de superiores; supõe empatia e capacidade de ouvir ativamente, isto é, de examinar os fatos segundo as perspectivas e os sentimentos dos outros e*

não apenas dos nossos; supõe a capacidade de entender e de se fazer entender.(Caravantes; Bjur, 1996)

Ferramentas técnicas

Os números formam a base para a compreensão, as decisões e as ações na busca do melhoramento contínuo dos métodos utilizados nos processos; é, portanto, essencial que haja um cuidadoso sistema de coleta, registro e apresentação dos dados.

Ishikawa (1986) denominou sete ferramentas básicas inerentes a esse processo:

1. ficha de verificação;
2. histograma;
3. diagrama de causa e efeito;
4. análise de Pareto;
5. quadro de controle;
6. diagrama de dispersão;
7. gráficos.

Os sistemas gerenciam os processos, e as ferramentas são usadas para fazê-los progredir ainda mais no ciclo de melhoramentos, além de medirem o grau de aprimoramento para criar relações superiores cliente/fornecedor, tanto interna como externamente. Elas fornecem o meio para análise, correlação e prognóstico sobre o que fazer quanto aos sistemas (Ishikawa, 1986).

Sistemas

Um sistema pode ser definido, segundo Oakland (1994), como um conjunto de componentes, tais como: estrutura organizacional, responsabilidades, procedimentos, processos e recursos para implementação do gerenciamento da qualidade total. Esses componentes interagem e são influenciados por fazerem parte do sistema, de tal modo que o estudo isolado e detalhado de cada um não levará, necessariamente, a uma compreensão do sistema como um todo. Se um componente for retirado do sistema, o conjunto do todo mudará.

Ele não considera, segundo Drucker (1980), os recursos humanos como o único sistema de apoio que deve ser reavaliado. O móbile organizacional tem várias dimensões: cultura, estratégia, educação, sistema de informação – e todos têm de se manter juntos.

A meta, em um bom sistema de qualidade, é proporcionar ao operador do processo a necessária consistência e satisfação, isso em termos de métodos, materiais e equipamentos, treinamentos, conhecimentos etc.

Grupos

A única maneira eficiente de implementar melhorias de processo ou atacar problemas é, segundo Caravantes (1998), empregar algum modo de trabalho em grupo. O que é dito também por Oakland (1994), pois, para esse estudioso, a complexidade da maioria dos processos operados na indústria, no comércio e nos serviços faz com que seu controle esteja além das possibilidades de um só indivíduo. O trabalho em grupo, estabelecido de modo amplo na organização, é um componente essencial da implementação da "qualidade total", pois cria confiança, melhora as comunicações e desenvolve interdependência (Oakland, 1994).

Sob esse prisma, grupos interfuncionais em comunicações e recursos humanos representam uma oportunidade de coletar e distribuir informação, tanto horizontal como verticalmente, por meio da organização.

Treinamento

O treinamento em qualidade deve ser contínuo para atender não apenas às mudanças em tecnologia, mas também às mudanças no ambiente em que a organização atua, à sua estrutura e, talvez, o mais importante, a todo o pessoal que trabalha ali.

As atividades de treinamento em qualidade podem ser consideradas um ciclo de melhoria, cujos elementos são:

- assegurá-lo como parte da política de qualidade;
- atribuir responsabilidades;
- definir objetivos;
- selecionar organizações para treinamento;
- especificar necessidades;
- preparar programas e materiais;
- implementar e controlar;
- avaliar os resultados e a eficácia.

Os programas de treinamento em qualidade devem ser centralizados em torno dos princípios básicos de compreensão dos processos; os seminários/*workshops*, por sua vez, devem ser realizados em pequenos grupos. É preciso que se dê funcionalidade ao treinamento. Para tanto, é fundamental que ele seja útil e reconhecido como tal.

(7.3)
Cultura japonesa

O diferencial da cultura japonesa está concentrado não no nível aparente da tecnologia, mas, sim, em outros elementos, principalmente em termos de comportamento. Entre vários elementos, destacamos: a visão dos recursos humanos e a sistêmica de longo prazo, além do processo de comunicação e da gerência dialética.

- A VISÃO DOS RECURSOS HUMANOS: As políticas organizacionais apresentam um alto nível de tolerância e de flexibilidade, especialmente aquelas diretamente ligadas aos indivíduos, como recrutamento, seleção, treinamento e promoção. A empresa japonesa, ao contratar um trabalhador, contrata-o por inteiro. A ela interessa o ser humano integral, não aquele em partes e em unidades facilmente intercambiáveis. As consequências dessa visão são diretas: o treinamento recebe grande ênfase, pois é considerado um investimento em alguém que ficará muitos e muitos anos na organização, possivelmente toda a vida.
- VISÃO SISTÊMICA E DE LONGO PRAZO: Os japoneses, por razões culturais, históricas e, talvez, pela influência do zen-budismo, desenvolvem um modo de raciocinar integrado, global, sempre buscando o entendimento do todo para, só então, descer ao nível do detalhe.
- O PROCESSO DE COMUNICAÇÃO: A informação e a comunicação recebem um tratamento privilegiado no Japão. A comunicação em todos os níveis organizacionais e interníveis, embora demande um volume de tempo significativo, constitui um dos pontos fortes dos empreendimentos japoneses. Isso, provavelmente, é decorrente da visão sistêmica, que privilegia, em especial, as relações intersubsistemas, calcadas na comunicação.
- GERENCIA DIALÉTICA: Trata-se da capacidade de não só conviver com a ambiguidade e com os opostos, mas de sentir-se relativamente confortável em conviver com situações que, para nós ocidentais, seriam

absolutamente paradoxais. A gerência dialética é produto de uma sociedade que aprendeu a conviver com os opostos. A síntese desses opostos se dá na cultura japonesa por meio do conceito de harmonia, ou seja, da capacidade de buscar a integração dos contrários.

(.)
Ponto final

A administração centrada no cliente demanda uma nova visão, isto é, uma postura empresarial mais flexível, atenta ao ambiente, capaz de se autorrenovar e estimular o crescimento de todos os que estão ao seu redor. As empresas bem-sucedidas serão aquelas que aprenderem adequadamente a lição. Segundo Caravantes (1998), qualidade não é um programa que possa ser colocado "goela abaixo" nas pessoas. Trata-se de uma opção individual por uma nova postura diante da vida.

Atividades

1. Qual o novo papel da liderança em nossa época, em que a qualidade, em todos os campos, passou a ser a tônica?
2. Por que é tão significativo olhar para fora da empresa?
3. Por que o conceito de qualidade, uma ideia gerada nos Estados Unidos, encontrou no Japão maior receptividade para seu desenvolvimento?
4. O que significa a administração centrada no cliente?

(8)

Reengenharia

O impulso para a melhoria do desempenho operacional tornou-se uma preocupação constante, especialmente a partir do início do século XX. Por sua vez, as profundas mudanças que estão ocorrendo em todas as dimensões planetárias passaram a exigir empresas proativas, flexíveis e competitivas – características necessárias à sobrevivência e ao êxito empresarial.

A reflexão sobre processos começou, de acordo com Davenport (1994), com o movimento da qualidade. Seu enfoque nos produtos e nos clientes é coerente com a ênfase, manifestada pelos primeiros pensadores da qualidade, na minimização da variação e dos defeitos nos produtos manufaturados. Osborne e Gaebler (1994) reforçaram esse pensamento afirmando que:

> O ambiente contemporâneo exige instituições extremamente flexíveis e adaptáveis; instituições que produzam bens e serviços de alta qualidade, assegurando alta produtividade aos investimentos feitos. Requer instituições que respondam às necessidades dos clientes, oferecendo-lhes opções de serviços personalizados; que influenciem pela persuasão e com incentivos, sem usar o comando; que tenham, para seus empregados, uma significação, e um sentido de controle, que eles sintam como se fossem deles. Instituições que confiram poder aos cidadãos, em lugar de simplesmente servi-los.

Assim, o que observamos é que o final da década de 1980 caracterizou-se como A ERA DA QUALIDADE, quando satisfazer o cliente era um diferencial competitivo. Hoje, é necessário deslumbrar e surpreender os clientes e, principalmente, os concorrentes. Nesse contexto, de acordo com Mocsányi (1994), reengenharia é um conjunto de conceitos que devem ser adicionados aos esforços pela sobrevivência e pelo crescimento das empresas nesta que é a ERA DA COMPETÊNCIA.

Davenport (1994), que defende a reengenharia de processos, advoga a adoção de uma nova visão processual da atividade combinada com a aplicação da reengenharia aos processos-chave. A reengenharia defende o abandono do paradigma subjacente às organizações setoriais públicas e privadas contemporâneas em favor de um paradigma empreendedor mais adequado às realidades do mercado contemporâneo.

A melhoria contínua do KAIZEN é um paliativo para Hammer (1993), enquanto a reengenharia é uma teologia, porque requer crença de que há um modo diferente de organizar e fazer o trabalho em uma empresa. Tudo está em xeque na empresa. A marca da qualidade de uma empresa de sucesso é, segundo Hammer (1993), a sua habilidade de abandonar o que foi sucesso no passado. Não existe fórmula de sucesso permanente, e apenas para um mundo em crescimento estável os modelos de Adam Smith, Frederick Taylor, Henri Fayol e Henry Ford seriam adequados.

Todos os processos de reengenharia de processos, de acordo com Davenport (1994), têm em comum uma preocupação importante: estão voltados para a melhoria operacional, isto é, acreditam que a vantagem empresarial virá não de estratégias melhoradas, mas de formas diferentes de fazer negócios.

A reengenharia, para Drucker (1980), trata de inverter a revolução industrial. Significa pôr de lado todo o conhecimento existente e adquirido em 200 anos de administração industrial. Essa linha teórica rejeita as suposições inerentes ao paradigma industrial de Adam Smith: a divisão do trabalho, a economia de escala, o controle hierárquico e todos os demais pertences de uma economia no estágio inicial de desenvolvimento. A reengenharia é a procura por novos modelos de organização do trabalho. A tradição não vale nada. A reengenharia é um novo começo.

(8.1)
Quando a reengenharia é a solução

A reengenharia só deverá ser aplicada, segundo diversos autores, quando houver necessidade de destruir o que existe, pois melhorias marginais exigem ajuste fino; melhorias drásticas requerem a destruição do antigo e a sua substituição por algo novo (Pires, 2007). Segundo Davenport (1994), as oportunidades de melhoria nascem de análises detalhadas das atuais operações dos processos, e os problemas são documentados durante o curso das atividades de entendimento dos processos. É esse nível de exame que dá origem às oportunidades de simplificação e de racionalização.

Focalizar a reengenharia na redução de custos, sob o ponto de vista de Andrews e Stalick (1994), não traz resultados positivos. A oportunidade certa se dá em situações nas quais a combinação dos benefícios, a seguir expostos, é alcançada:

- provoca o aumento da capacidade da organização em produzir, de acordo com as especificações individuais, os produtos e serviços, mantendo a economia da produção em massa;
- propicia o aumento da satisfação do cliente com o produto ou o serviço, de forma que ele prefira determinada organização (a sua) à do concorrente;
- torna fácil e agradável, para o consumidor, negociar com determinada empresa;
- quebra barreiras organizacionais, trazendo o consumidor para dentro dos canais de informação, por meio da comunicação e de redes de informação;
- reduz o tempo de resposta ao consumidor, elimina erros e reclamações, bem como diminui o intervalo de tempo entre o desenvolvimento e a manufatura de produtos e de serviços;
- provoca melhoria na qualidade de vida, no ambiente de trabalho, e o incentivo à contribuição individual para que as pessoas obtenham experiência em serem

"donas" de seu trabalho e de seus clientes, situando nesse processo a sua contribuição à organização;
- possibilita o aumento da participação e da utilização dos conhecimentos da organização para que ela não se torne dependente do conhecimento de poucas pessoas.

(8.2)
Processos inovados pela reengenharia

Na reengenharia, o modelo industrial é literalmente virado de "cabeça para baixo". Para que as organizações possam atender às atuais exigências no que se refere à qualidade, ao atendimento, à flexibilidade e ao baixo custo, os processos precisam manter-se simples. Isso significa que:

- VÁRIOS SERVIÇOS SÃO COMBINADOS EM UM: a característica básica e comum dos processos renovados é a ausência da linha de montagem, ou seja, muitos serviços e tarefas, anteriormente distintos, são integrados e resumidos em um;
- OS TRABALHADORES TOMAM AS DECISÕES: com a reengenharia, os processos são comprimidos horizontal e verticalmente. Isso significa que, no ponto do processo em que os trabalhadores tinham de consultar o nível hierárquico superior, eles agora podem tomar suas próprias decisões, ou seja, os próprios trabalhadores realizam parte do serviço antes realizado pelos gerentes;
- AS ETAPAS DE UM PROCESSO SÃO REALIZADAS EM UMA ORDEM NATURAL: os processos não precisam mais seguir a sequência linear; o trabalho é sequenciado em função daquilo que precisa vir em seguida;

- OS PROCESSOS TÊM MÚLTIPLAS VERSÕES: é o fim da padronização, pois, a fim de atender às demandas do ambiente atual, são necessárias múltiplas versões do mesmo processo ajustadas às exigências de diferentes mercados, situações ou insumos;
- O TRABALHO É REALIZADO ONDE FAZ MAIS SENTIDO: é a transposição das fronteiras organizacionais pelo trabalho, de modo a melhorar o processo global;
- VERIFICAÇÃO E CONTROLE SÃO REDUZIDOS: essas são tarefas que não agregam valor; dessa forma, os processos renovados pela reengenharia usam controles apenas enquanto economicamente justificáveis;
- A RECONCILIAÇÃO É MINIMIZADA: essa é outra forma de trabalho que não agrega valor; portanto, reduzir o número de pontos de contato externo de um processo diminui a possibilidade de recebimento de dados exigindo reconciliação;
- UM GERENTE DE CASO PROPORCIONA UM ÚNICO PONTO DE CONTATO: esse profissional é outra característica comum aos processos sujeitos à reengenharia, uma vez que o gerente de caso age como um intermediário entre o processo ainda complexo e o cliente;
- AS OPERAÇÕES CENTRALIZADAS/DESCENTRALIZADAS HÍBRIDAS PREVALECEM: a reengenharia consegue combinar, no mesmo processo, as vantagens da centralização e da descentralização. A tecnologia da informação permite cada vez mais às empresas funcionarem como se suas unidades individuais fossem totalmente autônomas, embora a organização continue desfrutando da economia de escala propiciada pela centralização.

(8.3)
Mudanças decorrentes da reengenharia

As espécies de mudanças que ocorrem, de acordo com Hammer e Champy (1994), são as seguintes:

- UNIDADES DE TRABALHO MUDAM de departamentos funcionais para equipes de processos: Quando um processo é reformulado pela reengenharia, praticamente todos os aspectos da organização: pessoas, cargos, valores e gerentes são transformados.
- Os SERVIÇOS MUDAM de tarefas simples para multidimensionais, pois as organizações deverão ser vistas como organizações federativas.
- Os PAPÉIS DAS PESSOAS MUDAM de controlados para autorizados, assim, a disciplina corporativa deverá ser esquecida, o novo foco será o espírito corporativo.
- A PREPARAÇÃO PARA SERVIÇOS MUDA de treinamento para educação. O treinamento aumenta as habilidades e a competência e ensina os funcionários o "como" de um serviço. Já a educação aumenta sua visão e compreensão e ensina o "porquê".
- O ENFOQUE DAS MEDIDAS DE DESEMPENHO E DE REMUNERAÇÃO ALTERA-SE da atividade para os resultados. Um indivíduo desenvolvido transcende os conhecimentos meramente funcionais inerentes ao cargo.
- Os CRITÉRIOS DE PROMOÇÃO MUDAM do desempenho para as habilidades. O prêmio é uma recompensa apropriada por um serviço bem feito; já a promoção para um cargo novo não é.

- Os VALORES MUDAM de protetores para produtivos. Os principais modeladores dos valores e das crenças dos funcionários são os sistemas gerenciais de uma organização. A cultura organizacional não pode ser proclamada ou facilmente manipulada, pois ela consiste nos valores e nas crenças mais profundos compartilhados por trabalhadores.
- Os GERENTES MUDAM de supervisores para instrutores. Os gerentes, agora, precisarão modificar seu papel de supervisores para facilitadores, capacitadores, para aqueles cuja função é desenvolver as pessoas e as suas habilidades, tornando-as, desse modo, capazes de realizar por si próprias processos adicionadores de valor.
- As ESTRUTURA ORGANIZACIONAIS MUDAM de hierárquicas para niveladas. A estrutura organizacional remanescente depois da reengenharia tende a ser nivelada, pois o trabalho é realizado por equipes de pessoas essencialmente afins trabalhando com grande autonomia e auxiliadas por poucos gerentes.
- Os EXECUTIVOS MUDAM de controladores de resultados para líderes. Em um ambiente pós-reengenharia, o sucesso do trabalho depende bem mais de atividades e de esforços dos trabalhadores do que das ações de gerente funcionais. Os executivos, portanto, precisam ser líderes capazes de influenciar e de reforçar os valores e as crenças dos funcionários e de assegurar que os processos sejam projetados de modo que os trabalhadores possam executar os serviços necessários e sejam motivados a isso pelos sistemas gerenciais da empresa.

(.)
Ponto final

A argumentação maximalista distingue a "reengenharia dos processos empresariais" do "redesenho dos processos empresariais". A REENGENHARIA começa do zero (recomeça), enquanto o REDESENHO dos processos trata de um ajuste gradual, mais de acordo com o conceito de mudança evolutiva, contínua, própria da gestão da qualidade.

A reengenharia de grande escala exige um esforço extraordinário de todos os níveis da organização. As organizações que optam pelo caminho do "a partir do zero" costumam ser aquelas que se encontram em uma situação em que a estratégia de alto risco é considerada como a única saída.

Atividades

1. Quais são os elementos essenciais que integram o conceito de reengenharia?
2. Qual a abordagem, adotada pela reengenharia, em relação às medidas de desempenho e à remuneração?
3. Em sua opinião, quais as causas que criaram condições propícias para o surgimento da reengenharia e da reinvenção?
4. A reengenharia, segundo seus autores, só deve ser aplicada quando houver necessidade de destruir o que existe. Como você interpreta essa afirmação?

(9)

Administração contemporânea

Luiz Fernando Barcellos dos Santos

<u>A</u>ntes da <u>S</u>egunda Grande Guerra, a administração nos Estados Unidos era dominada por princípios ditados por Taylor e Ford, que a viam como uma ciência. Drucker (1980), oriundo de uma formação humanista liberal, optou por vê-la como uma filosofia. Em vez de analisar cada tarefa em detalhe, o pensador americano buscou princípios gerais da administração subjacentes a todas as tarefas gerenciais. Deslocando a ênfase dessas tarefas para o resultado em vez de para o processo, ele criou o conceito

da ADMINISTRAÇÃO POR OBJETIVOS. Em lugar de simplesmente administrar processos, os administradores devem estabelecer objetivos para, então, trabalhar em direção a eles. Era o início de uma série de modificações rumo ao que chamamos de *administração contemporânea*.

(9.1)
Peter Drucker

O elemento-chave em uma empresa de negócios, segundo Drucker (1980), é o administrador, que desempenha um papel central ao reunir recursos dispersos e criar produtos. Embora o filósofo da administração se refira algumas vezes aos administradores "como recurso humano básico da empresa", fica claro que a administração não é tanto um recurso quanto é um catalisador, uma vez que "o administrador é o elemento dinâmico e inspirador em todo o negócio" (Drucker, 1980).

Drucker previu o tempo em que os trabalhadores se tornariam redundantes, sendo substituídos pela automação. Mas a administração permaneceria, e a consequência era que todo o emprego seria gerencial; teríamos evoluído de uma sociedade de trabalho para uma sociedade de administração. O grande consultor americano atribuiu aos dirigentes o papel principal, não apenas para administrar as empresas, mas também para criar mercados.

> *Existe apenas uma definição válida do propósito de um negócio: criar um cliente. Os mercados não são criados por Deus, pela natureza ou por forças econômicas, mas pelas pessoas que administram o negócio. A necessidade que o negócio satisfaz pode ter sido sentida pelos clientes [...], mas*

permanece uma necessidade potencial, até que os homens de negócios a convertam numa ação efetiva. Somente então existem clientes e um mercado. (Drucker, 1980)

Dentro desses paradigmas, os administradores precisam estar envolvidos com o seu trabalho. Envolvimento não significa que exista qualquer falta de disciplina ou de rigor. A efetividade consiste em um conjunto de práticas que podem ser aprendidas. Drucker define que a efetividade é encontrada em cinco princípios, que são:

1. os executivos efetivos sabem onde gastam seu tempo;
2. eles focalizam os resultados e não o trabalho;
3. eles constroem sobre forças e não sobre fraquezas;
4. eles se concentram em áreas onde o desempenho superior produzirá resultados notáveis;
5. eles tomam decisões efetivas, dando passos certos na sequência certa.

(9.2)
Tom Peters

Em seu livro *Vencendo a crise*, escrito com Richard Waterman em 1982, Tom Peters procura identificar quais as características das empresas bem-sucedidas, o que elas cultivam em comum. Em resumo, Peters e Waterman (2006) considerou oito atributos comuns para a empresa exitosa:

1. uma inclinação (viés) para a ação;
2. estar próxima do consumidor;
3. autonomia e empreendedorismo;
4. produtividade com pessoas;

5. liderança baseada em valores, como o "mão na massa";
6. ficar próximo do negócio que conhece;
7. forma simples – *staff* enxuto;
8. saber lidar, simultaneamente, com características justas e soltas (por exemplo: manter valores centrais da organização e, simultaneamente, ter uma organização descentralizada).

(9.3)
Rosabeth Moss Kanter

A solução que Kanter propõe está baseada na inovação. Cabe às organizações criarem um clima favorável para que essas inovações possam florescer. Sua visão é que adentramos numa época em que as mudanças sociais, econômicas e políticas foram, estão e continuarão sendo de tal magnitude que as organizações hoje vigentes não têm condições de acomodá-las. A referida professora de administração aceita a ideia de que as organizações terão de se tornar mais enxutas, de forma a se tornarem flexíveis; propõe, ainda, que se avance de uma simples mentalidade empreendedora para uma visão pós-empreendedora no que tange aos princípios da administração (Kanter, 1995). Princípios que devem ser os de:

- minimizar os objetivos e maximizar as opções. Manter os custos fixos baixos e, tanto quanto possível, usar meios variáveis e contingentes para atingir os objetivos corporativos;
- buscar a alavancagem por meio da influência e da combinação. Buscar poder com base na possibilidade de acesso e de envolvimento e não no controle total ou da propriedade total dos meios;

- encorajar o movimento, o deslocamento de pessoas de uma função para outra, de um grupo para outro, provocando combinações novas e inesperadas, bem como redefinir o *turn-over* e salientar os aspectos positivos e não os negativos.

Para que as organizações atinjam a flexibilidade necessária para operar em ambientes hiperturbulentos, a autora sugere que haja (Kanter, 1995):

- o desenvolvimento de maior sinergia, com a cooperação interna mais elevada e organizações mais bem integradas;
- o estabelecimento de alianças com outras organizações;
- o desenvolvimento de novos caminhos, de novas possibilidade de negócios, de modo a conduzir as organizações para um futuro melhor.

(9.4)
Peter Senge

Esse autor defende a ideia de que as organizações de aprendizagem são aquelas em que as pessoas continuamente expandem a sua capacidade para criar os resultados que elas efetivamente desejam, em que os padrões de pensamentos novos e com capacidade para se expandirem são cultivados, em que a aspiração coletiva é liberada, e em que as pessoas estão continuamente aprendendo a aprender juntas (Senge et al., 1994). Do ponto de vista de Senge, organizações de aprendizagem surgem quando a estratégia de negócio passa a exigir que você estimule a inteligência coletiva e o engajamento da força de trabalho (Senge et al., 1994). Quando a alta gerência não mais pode suprir, com ideias, seus funcionários, nesse momento, a aprendizagem organizacional torna-se essencial.

Os benefícios proporcionados pela organização de aprendizagem são inúmeros: propiciam o aprimoramento da qualidade dos produtos e/ou dos serviços prestados; incrementam a vantagem competitiva, pois ela está altamente conectada ao grau de engajamento dos indivíduos e, finalmente – e esta talvez seja sua maior virtude –, aumentam as possibilidades de sucesso da gestão da mudança.

(9.5)

Michael Eugene Porter

O grande mérito de Porter foi o de relacionar estratégias de negócios com microeconomia aplicada, dois campos de estudo que, até então, sempre foram tratados de forma independente. O autor definiu, em grande medida, a corrente de pensamento mundial no que tange aos temas "estratégia" e "competição" em um contexto mundial.

Em seu livro *Estratégia competitiva*, publicado em 1980, Porter desenvolveu e apresentou o MODELO DAS CINCO FORÇAS, rejeitando a abordagem tradicional empregada no campo estratégico, que operava baseada em uma lógica dualista, do simples "sim" ou "não". Exatamente pela alteração lógica usual e pela introdução de variáveis novas e relevantes, esse pensador da administração fez a diferença no campo das estratégias. E é de acordo com Porter que a natureza e o grau de competição em uma indústria dependem de cinco forças, a saber (1986):

- a ameaça de novos entrantes no mercado;
- o poder de barganha dos consumidores;
- o poder de barganha dos fornecedores;
- a ameaça de produtos ou de serviços substitutos;
- a capacidade de manobra dos competidores existentes.

Um segundo conceito de estratégia desenvolvido por Porter é o que diz respeito às ESTRATÉGIAS GENÉRICAS. Segundo esse autor, para determinar qual entre as estratégias genéricas elas irão perseguir, as empresas necessitam fazer apenas duas escolhas (Porter, 1986):

9. devem estabelecer o alvo competitivo, isto é, se procurarão atingir o alvo competitivo ou um segmento específico;
10. precisam determinar a vantagem competitiva, ou seja, se procurarão competir por meio do custo ou da diferenciação.

O terceiro conceito desenvolvido pelo autor diz respeito à CADEIA DE VALOR. Em essência, a cadeia de valores reúne todas as atividades exercidas pela empresa que agregam valor ao produto. As atividades primeiras são aquelas vinculadas à produção propriamente dita do produto, e a entrega deste ao consumidor. As atividades de suporte são aquelas que acrescem valor diretamente, tais como desenvolvimento tecnológico, ou que permitem que a empresa opere com maior eficiência.

As empresas adquirem vantagem competitiva ao conceberem novas formas de conduzir suas atividades, empregando novos procedimentos e nova tecnologia ou novos diferentes instrumentos. O conceito de cadeia de valor é essencial porque ele demonstra claramente que uma empresa é mais do que a simples soma de suas atividades; todas as atividades são interconectadas, havendo múltiplas ligações no decorrer das quais muitas negociações são realizadas. As empresas precisam decidir quais dessas atividades devem ser otimizadas de forma a atender às pressões do segmento industrial onde atuam e atingir os objetivos competitivos.

(9.6)
Ikujiro Nonaka e Hirotaka Takeuchi

Segundo esses autores, o sucesso das empresas deve-se à sua capacidade e especialização na criação do conhecimento organizacional, isto é, à capacidade de uma empresa de criar novo conhecimento, difundi-lo na organização como um todo e incorporá-lo a produtos, serviços e sistemas. A criação do conhecimento organizacional é a chave para as formas características com que as empresas japonesas inovam. Estas são peritas em fomentar a inovação de forma contínua, incremental e em espiral.

Nonaka e Takeuchi afirmam que, quando os ocidentais pensam na criação do conhecimento organizacional, o modelo mental por eles utilizados consiste em considerar a organização como uma máquina "de processamento de informações" (Nonaka; Takeuchi, 1986). Por outro lado, segundo os autores, quando se pensa com a visão oriental, especificamente com a das empresas japonesas, a história é outra. Os japoneses entendem que o conhecimento expresso em números e palavras é apenas parte – ainda que muito importante – do conhecimento global. Há, entretanto, um outro conhecimento, dificilmente visível e exprimível, a que eles chamam de CONHECIMENTO TÁCITO. Este é altamente personalizado, difícil de formalizar e, por consequência, de transmitir e compartilhar. Conclusões, reflexões individuais, de caráter solitário, palpites subjetivos e *insights* podem ser incluídos nessa categoria. Nonaka e Takeuchi usam a metáfora do *iceberg*, em que apenas uma ínfima parcela está acima da linha d'água, para explicar o que é conhecimento explícito. O conhecimento tácito está, por definição, encoberto em águas profundas, incluindo emoções, valores e ideais. "A distinção entre o conhecimento explícito e o conhecimento tácito é a chave para a compreensão das diferenças entre a abordagem ocidental e a japonesa do conhecimento" (Nonaka; Takeuchi, 1986).

Conforme os autores (Nonaka; Takeuchi, 1986), o conhecimento explícito pode ser facilmente "processado" por um computador, transmitido eletronicamente ou armazenado em banco de dados. No entanto, a natureza intuitiva e subjetiva do conhecimento tácito dificulta o processamento e a transmissão do conhecimento adquirido por qualquer método sistemático ou lógico. Pois, para que possa ser comunicado e compartilhado dentro da organização, o conhecimento tácito terá de ser convertido em palavras ou números que qualquer um possa compreender. É exatamente durante o tempo em que essa conversão ocorre – tácito em explícito e novamente em tácito – que o conhecimento organizacional é criado.

(9.7)
James Collins e Jerry Porras

As organizações visionárias não dependem de nenhum programa específico, estratégia, tática, mecanismo, norma cultural, gesto simbólico ou discurso inspirado no executivo principal para preservar o essencial e estimular o progresso. Para esses autores, o que faz a diferença é o como todos os elementos que formam a organização estão interados em um todo que funciona bem. Os critérios da pesquisa e as informações que foram estudadas por Collins e Porras (1982) para determinarem as qualidades das organizações caracterizadas como visionárias são:

- Os ARRANJOS ORGANIZACIONAIS: Esses arranjos são determinados com base nas informações divulgadas sobre a organização, tais como estrutura, políticas, procedimentos, sistemas, recompensas e incentivos, ou seja, transparência.
- Os FATORES SOCIAIS: Práticas culturais da organização, o clima, as normas, os rituais, o estilo gerencial etc.
- O AMBIENTE FÍSICO: Os aspectos significativos sobre o modo como a organização utiliza o espaço físico, incluindo os *layouts* da fábrica e dos escritórios ou de novas facilidades.
- A TECNOLOGIA: Como a organização utiliza a tecnologia, a informação tecnológica, os processos e equipamentos do momento, as avançadas configurações de trabalho e os itens relacionados.
- A LIDERANÇA: As transições entre os primeiros idealizadores da organização e as gerações posteriores de líderes, o mandato de liderança, o tempo que os líderes permanecem na organização etc.
- Os PRODUTOS E SERVIÇOS: Como surgiram as ideias dos produtos e serviços? O que determinou suas escolhas e seu desenvolvimento? A organização já sofreu algum insucesso em termos de produtos? E de serviços?
- A VISÃO: Os valores essenciais, os propósitos e os objetivos visionários. Esses elementos estão presentes na organização? Como eles passaram a existir?

- A ANÁLISE FINANCEIRA: Análise de todas as declarações de renda, demonstrações financeiras, crescimento das vendas e dos lucros, capital de giro, retorno e outros indicadores de gestão e contábeis.
- Os MERCADOS/AMBIENTES: Aspectos significativos do ambiente externo à organização: principais mudanças de mercado, eventos nacionais e internacionais drásticos, regulamentações etc.

(9.8)
Sumantra Ghoshal e Christopher Bartlet

Administrar é fazer acontecer; não significa simplesmente executar tarefas ou operações, mas fazer com que estas sejam executadas por outras pessoas em conjunto, de maneira satisfatória e bem-sucedida. O administrador não é o que faz, mas o que faz fazer. A administração faz as coisas acontecerem através das pessoas em conjunto para permitir que as organizações alcancem sucesso em suas estratégias e operações.

A administração não é uma ciência exata, mas uma ciência social, pois ela lida com negócios e organizações basicamente por meio de pessoas e de conceitos. Segundo os autores Ghoshal e Bartlet (1997), os administradores bem-sucedidos não focalizam apenas os aspectos mecânicos da administração sobre como fazer planos ou desenhar esquemas de trabalho, mas baseiam-se em três processos que levam as pessoas a focalizar sua atenção na criação da mudança: o empreendedor, o de construir competências e o de renovação.

- Processo empreendedor: O empreendedorismo refere-se à atitude para fora da organização, no sentido de buscar oportunidades que motivem as pessoas a tocar suas operações como se fossem os proprietários daquela. Os administradores bem-sucedidos aplicam seu tempo e energia em fazer com que as pessoas pensem como empreendedoras, aproveitem as oportunidades, além de proporcionar a elas autoridade, o apoio e as recompensas que as tornem autodisciplinadas e autodirecionadas para realizarem suas operações como se fossem donas da empresa.
- Processo de construir competências: Em um mundo de tecnologias convergentes, as organizações precisam se tornar cada vez mais flexíveis e responsáveis. As empresas devem explorar as vantagens de economias de escala e, sobretudo, o talento e o conhecimento das pessoas que nelas trabalham. Administradores bem-sucedidos aplicam seus esforços para criar um ambiente que facilite o florescimento de competências, encorajando as pessoas a assumirem maiores responsabilidades, a investirem em sua educação e treinamento, em sua autoconfiança, impulsionando-as a aprenderem com seus erros. O processo de construir competências consiste em criar um ambiente de comportamento colaborativo. Isso é feito por meio do trabalho em equipe, em que as pessoas aprendem umas com as outras e conquistam confiança. A competência aumenta como em uma equipe de futebol, em que todos aprendem a se antecipar enquanto os outros se movimentam.
- Processo de renovação: Os administradores bem-sucedidos se concentram hoje em um processo de renovação continuada. Eles lutam contra a complacência e a rotina e desenvolvem hábitos de questionar porque as coisas estão sendo feitas e em como melhorá-las continuamente, bem como em tornar as pessoas criativas e inovadoras.

(9.9)
Terrence Deal e Allen Kennedy

A cultura corporativa constitui-se de experiências, de histórias, de crenças, de normas e de ações compartilhadas que caracterizam uma organização e influenciam o seu desenho, como veremos a seguir (Deal; Kennedy, 1991):

- EXPERIÊNCIAS COMPARTILHADAS: São os eventos comuns em que as pessoas participam e se tornam parte de seu pensamento. Exemplo: um grupo de funcionários trabalha na estreita proximidade durante um longo período de tempo, dedicando 12 horas por dia e 7 dias por semana para criar um novo produto no prazo estabelecido, essa experiência se torna parte de sua cultura. Mesmo depois que o grupo se desfizer, seus membros sempre terão essa experiência em comum.
- HISTÓRIAS COMPARTILHADAS: Elas se tornam parte da cultura. "Você se lembra...", "Naquele tempo...", são indícios comuns de histórias que entraram na mitologia de uma organização.
- CRENÇAS COMPARTILHADAS: São aqueles pensamentos que todos os membros da organização aceitam como um fato a respeito da companhia. Exemplo: os funcionários da IBM acreditam que a empresa vencerá qualquer batalha em que decida se envolver.
- SIMILARIDADE: São normas compartilhadas, maneiras em geral aceitas de se fazer negócios. Exemplo: uma norma na Delta Air Lines é que se espera que todos os funcionários ajudem a realizar o trabalho.

- Ações compartilhadas: São comportamentos cotidianos que a maioria das pessoas têm. Exemplo: na IBM, a cultura mais formal determina que todos os homens usem gravata.

Consequências da cultura

A cultura corporativa causa impacto na eficácia organizacional nos seguintes aspectos:

- Parece ser importante para a alta administração criar e transmitir uma cultura clara, forte e não arrogante. Pode não haver uma melhor cultura em particular, mas parece que todos na organização precisam entender qual é a cultura.
- A cultura deve fazer parte da estratégia. A eficácia tende a aumentar quando a cultura corporativa é coerente com a estratégia da organização. Quando a cultura e a estratégia parecem não estar em sintonia, a eficácia frequentemente padece.
- É importante que a alta administração mantenha a cultura adaptável para responder às mudanças no ambiente da organização. Esta valoriza a importância de satisfazer seus numerosos clientes e equilibrar suas várias necessidades.

(.)
Ponto final

Os pensadores estão cada vez mais próximos da realidade do seu principal objetivo de estudo: o mercado, já que os empresários têm comprovado, na prática, quando suas teses funcionam ou não. As práticas precisam ser apoiadas por um bom conhecimento teórico, da mesma forma que a teoria precisa da aplicação dos métodos. No entanto, alguns executivos, por acreditarem em gurus, perdem a atenção nos problemas reais, e acabam adquirindo ideias, que, muitas vezes, não resolvem.

Atividades

1. Em sua opinião, por que as teses de alguns mestres da administração não funcionam nas empresas? Justifique sua resposta.
2. Qual a principal contribuição de Peter Drucker para a moderna administração?
3. O que os pensadores da administração contemporânea têm em comum em seus argumentos?

Referências

ANDREWS, D. C.; STALICK, S. K. *Business Reengineering*: the Survival Guide. Englewood Cliffs: Prentice-Hall, 1994.

ARAÚJO, R. O. *Avaliação de opções reais através do método dos mínimos quadrados de Monte Carlo*. 2004. 137 f. Dissertação (Mestrado em Engenharia Industrial) – Pontifícia Universidade Católica do Rio de Janeiro, Rio de Janeiro, 2004.

BAKER, J. *Future Edge*. New York: W. Morrow, 1992.

BARNAT, R. *A aproximação de sistemas*. Disponível em: <http://www.introduction-to-management.24xls.com/pt132>. Acesso em: 22 nov. 2007.

BERTALANFFY, L. von. *Teoria geral dos sistemas*. Petrópolis: Vozes, 1975.

BÍBLIA. Português. *Bíblia sagrada*. Tradução: João Ferreira de Almeida. 2. ed. rev. e atual. São Paulo: Sociedade Bíblica do Brasil, 1993.

BOFF JÚNIOR, R. J. *Organização empresarial*. Disponível em: <http://www.rubemboff.com/Organização%20empresarial%202007.doc>. Acesso em: 22 nov. 2007.

BORNHOLDT, W. *Orquestrando empresas vencedoras*: guia prático da administração de estratégias e mudanças. Rio de Janeiro: Campus; Elsevier, 1997.

CARAVANTES, G. R. *Teoria geral da administração*: pensando e fazendo. 2. ed. Porto Alegre: AGE, 1998.

CARAVANTES, G. R.; BJUR, W. *Readministração em ação*. São Paulo: Makron Books, 1996.

CARAVANTES, G. R.; PANNO, C. C.; KLOECKNER, M. C. *Administração*: teorias e processo. São Paulo: Pearson Education, 2005.

CERTO, S. C. *Administração moderna*. 9. ed. São Paulo: Prentice Hall, 2003.

F, R. L.; ARNOFF, L. *Introduction to Operations Research*. New York: John Wiley & Sons, 1957.

COLLINS, J. C.; PORRAS, J. I. *Search of Excellence*. New York: Harper & Row, 1982.

DAVENPORT, T. *Reengenharia de processos*. Rio de Janeiro: Campus; Elsevier, 1994.

DEAL, T.; KENNEDY, A. *The Newcorporate Cultures*. Boston: Addison-Wesley, 1991.

DINIZ, M. C. R. *Qualidade sustentável*. 2004. 66 f. Trabalho de conclusão de curso (Especialização) – Universidade Candido Mendes, Rio de Janeiro, 2004.

DRUCKER, P. F. *Administração em tempos turbulentos*. São Paulo: Pioneira, 1980.

FACULDADES MONTEIRO LOBATO. *Teoria da burocracia*: aula 4. Disponível em: <http://www.monteirolobato.com.br/arquivos_profato/IA_Aula_4.pdf>. Acesso em: 22 nov. 2007.

FELTRIN, D. T. *História da administração*: aula 9. Disponível em: <http://sites.mpc.com.br/dariel/tda_adm/t09.htm>. Acesso em: 22 nov. 2007a.

_____. *História da administração*: aula 10. Disponível em: <http://sites.mpc.com.br/dariel/tda_adm/t10.htm>. Acesso em: 22 nov. 2007b.

_____. *História da administração*: aula 11. Disponível em: <http://sites.mpc.com.br/dariel/tda_adm/t11.htm>. Acesso em: 22 nov. 2007c.

_____. *Teoria da administração*: aula 30. Disponível em: <http://sites.mpc.com.br/dariel/tda_adm/t30.htm>. Acesso em: 22 nov. 2007d.

FREITAS, M. C. de. *A reinvenção do futuro*. São Paulo: Cortez, 1996.

GARÓ, E. J. *Desenvolvimento organizacional*. Disponível em: <http://www.faccamp.br/apoio/egidio/DESENVOLVIMENTO%20ORGANIZACIONAL.doc>. Acesso em: 22 nov. 2007.

GHOSHAL, S.; BARTLETT, C. A. Novas formas de gerenciar. *HSM Management*. São Paulo, v. 1, n. 1, mar./abr. 1997.

HAMMER, M. Esse mundo da administração. *Exame*, São Paulo, p. 134-138, 13 out. 1993.

HAMMER, M.; CHAMPY, J. *Reengenharia*: revolucionando a empresa em função dos clientes, da concorrência e das grandes mudanças da gerência. Rio de Janeiro: Campus; Elsevier, 1994.

HOBSBAWN, E. *Era dos extremos*: o breve século XX – 1914-1991. São Paulo: Companhia das Letras, 1996.

ISHIKAWA, K. *Total Quality Control*: estratégia e administração da qualidade. São Paulo: IM&C, 1986.

JURAN, J. M. *Na liderança pela qualidade*: um guia para executivos. São Paulo: Pioneira, 1993.

KAPLAN, R. S.; NORTON, D. P. *A estratégia em ação*: balanced scorecard. 18. ed. Rio de Janeiro: Campus; Elsevier, 1997.

KANTER, R. M. *World Class*. New York: Simon & Schuster, 1995.

LEWIN, R. *Complexidade*: a vida no limite do caos. Rio de Janeiro: Rocco, 1994.

MASLOW, A. *Motivation and Personality*. New York: Harper & Row, 1970.

MAXIMIANO, A. C. A. *Introdução à administração*. 5. ed. São Paulo: Atlas, 2000.

MINTZBERG, H. *Criando organizações eficazes*: estruturas em cinco configurações. São Paulo: Atlas, 1995.

MOCSÁNYI, D. Qualidade total ou reengenharia? Nem uma nem a outra: as duas. *Exame*, São Paulo, p. 64, 11 maio 1994.

MOLLER, C. *O lado humano da qualidade*: maximizando a qualidade dos produtos através do desenvolvimento das pessoas. São Paulo: Pioneira, 1992.

MOTTA, F. C. P., PEREIRA, L. C. B. *Introdução à organização burocrática*. 7. ed. São Paulo: Brasiliense, 1991.

MOTTA, P. R. *Gestão contemporânea*: a ciência e a arte de ser dirigente. 7. ed. Rio de Janeiro: Record, 1996.

NIOCHE, J. P. et al. *Strategor, strategie, structure, décision, identité*: politique générale de l'entreprise. Paris: Inter Editions, 1988.

NONAKA, I.; TAKEUCHI, H. *Criação de conhecimento na empresa*: como as empresas japonesas geram a dinâmica da inovação. 2. ed. Rio de Janeiro: Campus; Elsevier, 1997.

_____. The New Product Development Game. *Harvard Business Review*, v. 64, p. 137-146, 1986.

OAKLAND, J. S. *Gerenciamento da qualidade total*. São Paulo: Nobel, 1994.

OSBORNE, D.; GAEBLER, T. *Reinventando o governo*. Brasília: MH Comunicação, 1994.

OUTHWAITE, W.; BOTTOMORE, T. (Ed.). *Dicionário do pensamento social do século XX*. Rio de Janeiro: J. Zahar, 1996.

PETERS, T. *Coming to Grips with the Dismal Record of Quality Program Implementation*: Making it Happen. Disponível em: <http://deming.eng.clemson.edu/pub/tqmbbs/tools-techs/dismal.txt>. Acesso em: 22 nov. 2007.

PETERS, T.; WATERMAN, R. *Vencendo a crise*. 15. ed. São Paulo: Harbra, 2006.

PIRES, A. C. M. *Gestão da mudança*. Disponível em: <http://rodcab.homedns.org/moodle/file.php/1/moddata/forum/3/22/GESTAO_MUDANCA.pdf>. Acesso em: 27 nov. 2007.

PORTER, M. *Estratégia competitiva*. 6. ed. Rio de Janeiro: Campus/Elsevier, 1986.

PRESTE MOTTA, F. C. *Teoria geral da administração*. 9. ed. São Paulo: Pioneira, 1981.

QUEIROZ, S. H. de. *Características de produtos que atendem necessidades de clientes*. Disponível em: <http://www.eps.ufsc.br/disserta96/queiroz/tabelas/tab7.htm>. Acesso em: 27 nov. 2007.

REINALDO, G. A. M. et al. *Tecnologia i2*. Disponível em: <http://www.cin.ufpe.br/~rvf/Trabalho%20Final/Trabalho%20Final.doc>. Acesso em: 22 nov. 2007.

SAMPAIO, F. *A evolução do pensamento administrativo*. Disponível em: <http://www.administradores.com.br/artigos/12528>. Acesso em: 21 nov. 2007.

SENGE, P. *A quinta disciplina*: arte, teoria e prática da organização de aprendizagem. 11. ed. São Paulo: Best Seller, 1990.

SENGE, P. et al. *The Fifth Discipline Field Book*: Strategies and Notes for Building a Learning Organization. London: Nicholas Bredley, 1994.

SILVA, R. O. da. *Teorias da administração*. São Paulo: Pioneira; Thomson Learning, 2001.

SOUZA, E. L. *Clima e cultura organizacionais*: como se manifestam e como se manejam. São Paulo: E. Blücher, 1978.

SVEIBY, K. E. *Métodos para avaliar ativos intangíveis*. 1998. Disponível em: <http://www.intangiveis.com.br/artigos_h.asp>. Acesso em: 19 nov. 2007.

TEIXEIRA, D. A número 1 do mundo. *Veja*, São Paulo, p. 90, 2 maio 2007. Disponível em: <http://veja.abril.com.br/020507/p_090.shtml>. Acesso em: 10 nov. 2007.

UNILASALLE. *Abordagem estruturalista*. Disponível em: <http://josemarmd.googlepages.com/teoria_burocracia.doc>. Acesso em: 22 nov. 2007.

VALENTIM, M. *Abordagem estruturalista*. Disponível em: <http://www.valentim.pro.br/Slides/TGA/Abordagem_Estruturalista.ppt>. Acesso em: 22 nov. 2007.

WEBER, M. *Economia e sociedade*: fundamentos da sociologia compreensiva. Brasília: UnB, 1999. v. 2.

WINDER, R. E. *Reengineering Quality*: Deming Style. 1994. Disponível em: <http://www.ldri.com/articles/94aqcreengquel.html>. Acesso em 11 dez. 2007.

ZMITROWICZ, W. *Planejamento territorial urbano*. Disponível em: <http://pcc2461.pcc.usp.br/Textos_Tecnicos/TTextoPlanejamentoTerritorialWitold.pdf>. Acesso em: 22 nov. 2007.

Anexos

Anexo 1 – As relações entre as teorias[a]

Max Weber percebeu a necessidade de pensar um modelo evolutivo que tratasse métodos racionais de gestão e apresentou um modelo rígido em relação à disciplina e ao trabalho, envolvendo os membros da organização em um processo de

---

a. Fonte: SAMPAIO, F. *A evolução do pensamento administrativo*. Disponível em: <http://www.administradores.com.br/artigos/12528>. Acesso em: 21 nov. 2007.

adequação dos meios aos fins (Motta; Pereira, 1991). Segundo os autores, Weber afirmava que as empresas não dependiam de pessoas específicas para funcionarem, já que eram peças móveis, substituíveis. Nesse modelo, a autoridade do administrador é a medida necessária da ação dos subordinados.

A teoria dos sistemas foi mais uma escola a influenciar o pensamento administrativo, já que com os estudos de Bertalanffy, mesmo preconizados por outros autores como Taylor e Fayol, desenvolveu a necessidade de conexão e síntese das teorias evolutivas.

Segundo outros mestres da escola, percebeu-se que a preocupação estava na junção das partes para a formação do todo organizacional, sendo visto o sistema administrativo da mesma forma que um sistema biológico. A evolução de algumas escolas administrativas conduziu à ideia de novas configurações organizacionais onde o foco estava no conhecimento e no desenvolvimento aprendiz.

Se refletida como arte, a administração é entendida como algo divino, um dom, algo que o indivíduo traz inerente ao seu conhecimento, aprendizado e vocação. Existem diversos casos de indivíduos bem-sucedidos que jamais "pisaram" em uma escola de administração. Se refletida como ciência, pode-se perceber que o indivíduo estará sempre engajado em uma conjuntura social de busca por diferencial competitivo, lucratividade e consequentemente centralização de renda.

Segundo Sveiby (Sveiby, 1998), o primeiro estágio foi chamado de Era da Agricultura, que durou cerca de 200 anos, dando posteriormente espaço ao que se convencionou chamar de Era Industrial, esta caracterizada por um grande desenvolvimento da força de trabalho das máquinas, sendo daí desenvolvidas técnicas que permitiam um melhor desempenho da produção humana e das máquinas.

As teorias utilizadas há algum tempo visavam apenas as técnicas de formação do produto e do mercado de atuação, dando pouca importância à formação da cultura organizacional e da relação desenvolvida dentro dessas organizações (Sveiby, 1998).

Hoje vivemos a ERA DO CONHECIMENTO, onde a mudança passou a ser a única certeza e firmação necessária para a sobrevivência das organizações. Dessa forma, as organizações partem incessantemente em busca do "mapa da mina" capaz de promover as mudanças que permitam a elas destaque e segurança diante da volatilidade do mercado. Esse mapa chama-se conhecimento e a aprendizagem e a participação aos caminhos apontados por ele.

Anexo 2 – Análise histórica[b]

O RACIONALISMO foi o pensamento que orientou os primeiros estudos das organizações. Assim, no início do século XX surgiram as teorias do campo da racionalização do trabalho, fundando a que foi conhecida como a Escola da Administração Científica ou Escola Clássica da Administração.

Um dos fundamentos dessa Escola era a postulação de que o homem é um ser fundamentalmente racional e, em consequência, "ao tomar uma decisão conhece previamente todos os cursos de ação disponíveis, bem como as consequências da opção por qualquer um deles" (Preste Motta, 1981, p. 6).

---

b. Fonte: CORNÉLIO, R. R. *A formulação da decisão no nível estratégico de uma organização pública*: um estudo sobre o processo decisório na SMS-RJ. Rio de Janeiro: Fundação Oswaldo Cruz/Escola Nacional de Saúde Pública, 1999.

Aceitando essa premissa, pode-se concluir que o homem pode sempre escolher o melhor curso de ação, ou seja, aquele que maximiza os resultados de sua decisão. Para tanto, e sempre segundo a Escola da Administração Científica, é suficiente que persiga o maior lucro (racionalidade econômica), dado que o homem é considerado como um *homo economicus*.

A figura do *homo economicus* é tomada da economia clássica, onde pode-se identificar traços dessa teoria nos fundamentos da denominada Lei da Oferta e da Procura.

Quando se tenta passar da economia para a organização, surgem outros problemas. A economia por trabalhar com grandes agregados pode supor que tem vigência, uma extensão da lei dos grandes números, e que possíveis desvios dos diversos atores são compensados no conjunto ao qual pertencem. Já na administração trabalha-se com agregados menores, onde os problemas não respondem à lógica econômica ou, pelo menos, não apenas a ela.

A crença na possibilidade da existência de uma "ciência da administração", baseada na experiência científica e no método lógico dedutivo, apoiou os princípios sobre os quais foi edificada a Escola Clássica da Administração.

A limitação da problemática à empresa, e o modelo de homem adotado, conduz a que a Escola Clássica considere um alto grau de centralização nas decisões, de modo a exercer um controle completo sobre tudo o que se passa para o interior da empresa. Ao mesmo tempo, como o entorno não é considerado parte do sistema da organização, incertezas e ameaças, assim como possíveis oportunidades, não perturbam o processo decisório. Em última instância, pode ser postulada a possibilidade de criar um modelo matemático analítico que, pelo menos em teoria, poderia dar conta do funcionamento da organização (empresa), permitindo equacionar os valores que deveriam ter as diversas variáveis e parâmetros para obter os resultados ótimos, ou seja, o lucro máximo.

Nos anos 1920, surge a Escola das Relações Humanas, que acompanha o desenvolvimento do pensamento de Freud, estimado que o comportamento humano poderia ser explicado biologicamente. Existiria um antagonismo básico entre homem e sociedade. A esta caberia o enquadramento dos instintos humanos, através do processo de socialização, já que o homem, por natureza, seria antissocial e dominado pelos instintos.

A Escola das Relações Humanas vai centrar sua posição na concepção do *homo social*. No que diz respeito ao processo decisório, esta escola colocava na motivação a possibilidade de levar o homem a trabalhar pela organização. Assim, era preciso que o homem conhecesse o objetivo da organização para a qual trabalhava e, o que era melhor ainda, que participasse do processo decisório. Essa participação, se bem condicionada a certas particularidades da organização, alcança sua melhor expressão quando o estilo de liderança adotado é o democrático. O controle desloca-se da supervisão estreita para o controle por resultados.

Para a Escola de Relações Humanas, os problemas na organização não são originados socialmente, são provocados por desajustes das estruturas individuais. Desse modo, não são reconhecidos os conflitos, o que implicaria em aceitar a existência de interesses contrapostos e da negociação como método de resolução desses conflitos. O resultado seria uma diminuição do poder hierárquico incompatível com a burocracia administrativa.

Um desdobramento da Escola das Relações Humanas é o BEHAVIORISMO, cujo maior expoente é Herbert Simon, que surge com força a meados da década de 1940. A ideia dessa escola é a consideração que os homens se comportam racionalmente apenas com relação a um conjunto de dados característicos de determinada situação.

> *Esses dados compreendem o conhecimento de eventos futuros ou das distribuições de probabilidades relativas a eles, o conhecimento das alternativas de ação disponíveis e o conhecimento das consequências dessas alternativas, conhecimento que pode ser mais ou menos completo, além de regras ou princípios segundo os quais o indivíduo estabelece uma ordem de preferência para as consequências ou alternativas* (Preste Motta, 1981, p. 41).

O behaviorismo pôs grande ênfase no processo decisório, em contraposição à pouca importância que foi dada a esse processo anteriormente. Segundo essa escola, o processo decisório envolve a seleção consciente ou inconsciente de um subconjunto de decisões entre aquelas que são possíveis para o autor.

Existe uma hierarquia de decisões, desde aquelas mais amplas e menos detalhadas até aquelas diretamente relacionadas com atividades específicas, de alcance muito mais limitado e que devem ser precisas e detalhadas. Para os behavioristas, a organização é definida como um sistema planejado, onde o papel que cada indivíduo deve desempenhar é bem definido, formando um sistema de cooperação racional. Essa escola também atribui grande importância ao modo informal das organizações, sendo vital sua existência, pois são responsáveis pela comunicação, coesão e proteção da integridade individual.

O ESTRUTURALISMO, outra corrente de pensamento, vem como uma ruptura à teoria da Escola de Relações Humanas. Incorporado pelas ciências sociais, o estruturalismo se organiza em quatro grandes grupos: o estruturalismo abstrato, de Lévi-Strauss; o estruturalismo concreto, de Radcliffe-Brown; o estruturalismo fenomenológico, de Max Weber; e o estruturalismo dialético, de Karl Marx.

Na teoria das organizações, os dois últimos grupos, estruturalismo fenomenológico e dialético, exerceram maior influência, sintetizando a escola de Administração Científica de Taylor e Fayol e a de Relações Humanas.

O estruturalismo considera os aspectos totalizantes dos fenômenos ou elementos, implicando uma interdependência entre eles. Há uma crítica à Escola de Relações Humanas no que diz respeito à participação no processo decisório. Para os estruturalistas, o conflito social, quando visto como uma patologia, contribui para uma manipulação dos empregados, atribuindo um caráter ilusório à participação destes nas decisões da organização.

O que à primeira vista pode parecer um processo democrático, para essa escola, é "uma forma de fazer com que os subordinados acatem decisões previamente tomadas, em função de uma ilusão de participação e de poder, geralmente criada pela delegação de autoridade para decidir em assuntos absolutamente indiferentes para a alta cúpula administrativa" (Preste Motta, 1981, p. 56).

Para os estruturalistas, no campo da administração, os conflitos entre grupos é inerente às relações de produção. Na organização há tensões inevitáveis que podem ser reduzidas, mas não eliminadas. As tensões situam-se entre necessidades organizacionais e individuais, racionalidade e irracionalidade, disciplina e liberdade, relações formais e informais, entre níveis hierárquicos e entre unidades administrativas.

Nascida no início da década de 1940, a "teoria geral dos sistemas", criada pelo biólogo alemão Bertanffy, demonstrou a possibilidade de sua utilização por outras ciências como a física e as ciências sociais, por exemplo. Nesta última, a flexibilidade e a abrangência do modelo de sistema aberto influenciou diretamente alguns teóricos – como Durkheim, Spencer e Talcott Parsons –, teóricos da perspectiva funcionalista das ciências sociais.

Foi a obra de Parsons que exerceu a maior influência na "teoria geral da administração", introduzindo o modelo funcionalista para as organizações. A organização, de acordo com a abordagem sistêmica, é vista mais em uma perspectiva dos papéis (cargos) desempenhados pelas pessoas e menos nas pessoas em si. É através dos cargos que as pessoas da organização se mantém relacionadas. Dessa forma, a posição hierárquica ocupada e as relações interpessoais estabelecidas são de enorme importância para o processo.

A abordagem sistêmica valoriza, portanto, todos os aspectos comportamentais dos indivíduos que são relevantes para que desempenhem seu papel na organização. Nesse sentido, há uma maior liberdade para que os membros da organização possam estabelecer seu próprio ritmo de trabalho. Os administradores com um padrão de liderança mais democrático buscam uma maior participação dos trabalhadores no intuito de obter um maior grau de envolvimento, responsabilidade e interesse para o trabalho; o que pode vir a afetar diretamente o processo decisório, à medida que há uma maior autonomia para desempenhar seu papel, e consequentemente, para a tomada de decisões.

A abordagem sistêmica nas organizações considera que a interação e o estímulo levam à produtividade. O indivíduo, para que seja produtivo, precisa sentir-se parte do sistema social da organização. Assim, a interação é o maior estímulo para os indivíduos, que passam a conhecer as expectativas dos outros com relação ao seu papel e, ainda, se o seu desempenho corresponde ou não à estas expectativas.

É importante destacar que essa escola admite a existência de conflitos. A relação entre os membros da organização, os cargos que ocupam e as expectativas criadas em torno do desempenho dos papéis não se dá de forma linear. Há uma série de conflitos estabelecidos que podem estar baseados numa contradição das expectativas relacionadas aos papéis, podendo afetar o comportamento de uma pessoa, aumentando uma tensão associada com os aspectos do trabalho, o que pode reduzir o grau de satisfação dos indivíduos.

Para a TEORIA GERAL DOS SISTEMAS, a organização é um sistema aberto, que recebe insumos do ambiente e processa esses insumos com vistas a transformá-los em produtos. Coloca esses produtos no ambiente, que retornam à organização para repetição de seu ciclo de eventos. Para identificar uma estrutura organizacional, basta seguir a cadeia de eventos desde a importação até o retorno de energia.

É importante observar aqui o caráter racional e determinístico das escolas apresentadas e a forte influência dessas características no processo decisório das organizações. A ênfase dada à racionalidade analítica, decorrente da introdução dos sistemas de computação nas grandes organizações modernas, faz com que o processo de escolha das decisões esteja baseado na consideração e na análise de todas as alternativas e suas consequências, para a escolha da mais racional entre elas, no sentido de maximizar resultados. Nesse sentido, os gestores devem apresentar-se como racionais, sistemáticos e analíticos.

Ao abordar as diferentes escolas do pensamento administrativo foi possível indicar, ainda que sumariamente, as relações desses pensamentos com o ambiente social e cultural onde foram desenvolvidas. Cabe agora focar, neste estudo, a conjuntura atual, em particular aqueles aspectos que delimitarão o campo onde se desenvolverá o estudo do processo decisório em questão.

Para tanto, o ponto de partida será caracterizar a atual conjuntura globalizada, para tentar avançar sobre alguns temas que, colocando em xeque conceitos que parecem firmemente enraizados no âmbito das ciências, deverão influenciar de modo significativo a análise dos processos decisórios.

Hobsbawm afirma que

> *A crise afetou as várias partes do mundo de maneiras e graus diferentes, mas afetou a todas elas, fossem quais fossem suas configurações políticas, sociais e econômicas, porque pela primeira vez na história a Era de Ouro criara uma economia mundial única, cada vez mais integral e universal, operando em grande medida por sobre as fronteiras do Estado ("transnacionalmente") e, portanto, também cada vez mais por sobre as barreiras da ideologia de Estado* (Hobsbawm, 1996, p. 19).

Uma consequência imediata disso foi que ideias consagradas acerca de sistemas e regimes ficaram ultrapassadas. "Não era a crise de uma forma de organizar sociedades, mas de todas as formas. Os estranhos apelos em favor de uma 'sociedade civil' não especificada, de uma 'comunidade', eram as vozes de gerações perdidas e à deriva" (Hobsbawm, 1996, p. 21).

Hobsbawm coloca, assim, um quadro de ruptura, onde a emergência de novas visões do mundo são uma condição de sobrevivência. Dentre essas rupturas interessa destacar, pela relação que terão com o modo de ver os processos decisórios, aquelas que surgem das diversas aproximações que se acobertam sob a denominação de abordagens complexas ou complexidade. Admitindo que esse é um espaço ainda sujeito a controvérsias, onde hoje se confrontam cientistas de diversas disciplinas, podemos resgatar alguns conceitos que dão apoio a uma nova visão das organizações e, em particular, do processo decisório.

Podemos afirmar, sem medo de cometer grandes injustiças, que só com a abordagem contingencial vai se dar uma ruptura, no nível teórico, com a visão mecânica da administração.

Até então, o que primava era uma visão do mundo que pode ser traduzida nas palavras de Lewin, que diz: "Era um mundo essencialmente mecânico e preciso, caracterizado pela repetição e a previsibilidade. É um mundo linear, e uma parte muito importante de nossa existência. A maior parte da natureza, entretanto, e não linear, não sendo facilmente previsível" (Lewin, 1994, p. 22).

Acompanhando o pensamento da física clássica, a administração tradicional considerava que a complexidade dos sistemas era apenas um problema de conhecimento, já que seu comportamento poderia ser completa e convenientemente descrito quando criados os instrumentos analíticos suficientemente poderosos para esse propósito. Dessa forma, em 1911, aparece a primeira produção teórica no campo da administração, o trabalho de Taylor, *Princípios da Administração Científica*.

Para Frederick Taylor, um engenheiro, o mundo do trabalho e o campo da administração estruturam-se segundo o modelo das ciências: são racionais, com uma lógica que pode ser estudada e que no caso coincide com a visão protestante do mundo; são regidos por leis que conhecidas permitem controlar processos e resultados, enfatizando-se, em particular, os princípios do darwinismo social. Assim, na tentativa de substituir métodos empíricos e rudimentares por métodos científicos, Taylor criou uma metodologia denominada *Organização Racional do Trabalho* (ORT).

Os principais aspectos da organização racional do trabalho são (Chiavenatto, 2004b):

- análise do trabalho e estudo dos tempos e movimentos;
- estudo da fadiga humana;
- divisão do trabalho e especialização do operário;
- desenho de cargos e tarefas;
- incentivos salariais e prêmios de produção;
- conceito de *homo economicus*;
- condições ambientais de trabalho;
- padronização de métodos e de máquinas;
- supervisão funcional.

A partir daí, operou-se uma mudança no modo de pensar das ciências que contaminou o modo de pensar o mundo do social.

Einstein com a "teoria da relatividade especial" pôs em xeque o mundo newtoniano. Também, resgatou-se o pensamento de Boltzman e de outros físicos que, já no fim do século XIX, tinham desenvolvido alguns alicerces sobre os quais se embasou a física moderna, ao introduzirem a estatística no interior do mundo físico. Assim, a ideia de um mundo regido mecanicamente como um relógio irá contrapor-se à ideia de um mundo contingencial.

Pouco a pouco, foram surgindo ideias como a "mecânica estatística", a "física quântica", e outras, que introduzem a incerteza como um elemento central para a configuração do mundo da física de partículas elementares e abrem um novo caminho para pensar as leis da física. O restante do pensamento científico não ficou alheio a essas mudanças. A estatística tornou-se uma ferramenta fundamental para conhecer o mundo.

Os paradigmas das ciências mudam. Novas ciências surgem, criam-se protociências (por exemplo, a psicanálise). O mundo ocidental cristão aceita que existe a diversidade entre os seres humanos, e que a cultura tem um papel fundamental no entendimento da realidade. No fim, o mundo tem a cor do cristal de nossos óculos, ou seja, de nossos preconceitos, dogmas, religiões.

Ao se relativizar o saber, abre-se também espaço a novas formas de obscurantismo, mas em geral avança o conhecimento como um todo.

Aproximadamente 80 anos se passaram desde as colocações iniciais de Taylor, e muito mudou no âmbito das teorias da administração e da organização. Muito também tem mudado no campo de estudos sobre a decisão. Em ambos os casos, passou-se do determinismo à contingência, da norma à regulação, do normativo ao relativo.

O século XXI inicia-se sob os auspícios de novas formas de saber e conhecer. Em particular aponta uma nova epistemologia, a da COMPLEXIDADE, que promete novos e frutíferos caminhos para o conhecimento. As formas do saber convencional são questionadas na sua essência por anarquistas epistemológicos, como Feyerabend, ou por pensadores, como Morin.

Em outra escala temporal, o pensamento do planejamento em saúde replica o ciclo de outros saberes. Nos anos de 1960 era normativo, hoje é relativo, incerto, probabilístico. Um dos maiores desafios da administração na atualidade é garantir que o planejamento e a execução, ou seja, o pensamento e a ação possam caminhar juntos no sentido de produzirem impactos e soluções que aumentem a eficácia das organizações.

Planos que possuam seus objetivos bem definidos, mas que na prática não dimensionem adequadamente sua viabilidade gerencial, acabam resultando em um processo de implementação difícil, correndo o risco maior de não alcançar os objetivos para os quais foram pensados. É claro que não se pode ignorar que na implementação ocorrem fatos não previstos que devem ser solucionados no curso do próprio processo, por isso, coloca-se a necessidade da integração entre o planejamento e a implementação. Como enfatiza Paulo Motta,

> *A formulação de objetivos deve ser um processo contínuo, sistemático, realista e pragmático de conhecer e intervir na realidade. A implementação, na perspectiva integradora, deixa de ser cada vez menos um instrumento normativo de controle administrativo e mais um processo sistemático de tomada de decisões estratégicas* (Motta, 1996, p. 99).

Ao que acrescenta,

> *A falta de sistematização e continuidade no planejamento gera a ausência de informações válidas e utilizáveis no processo decisório, concorrendo para que as decisões sejam baseadas quase que exclusivamente na experiência, crença, hábito e informações restritas que os dirigentes possuem* (Motta, 1996).

Nas organizações caracterizadas como burocracias profissionais, o comportamento dos funcionários é previsível e complexo. O principal mecanismo de coordenação é a padronização das habilidades, como assevera Mintzberg,

> *a burocracia profissional para coordenar apoia-se na padronização de habilidades e em seus parâmetros associados para delinear o treinamento e a doutrinação. Ela admite especialistas grandemente treinados e doutrinados – os profissionais – para o núcleo operacional e então fornece a eles considerável controle sobre seu trabalho* (Mintzberg, 1995, p. 189).

O treinamento e a doutrinação são processos importantes para as burocracias profissionais. No caso do trabalho médico nas organizações de saúde, inicia-se por anos de estudo em universidades especializadas, onde as habilidades e os conhecimentos da profissão são programados de maneira formal de acordo com o que deve ser o profissional. Soma-se a isso, um longo período de treinamento em serviço, onde o conhecimento formal é aplicado, e a prática de habilidades é aperfeiçoada sob a supervisão próxima de membros da profissão.

Para Mintzberg, "o que frequentemente surge na burocracia profissional são hierarquias paralelas, uma democracia de baixo para cima para os profissionais e uma segunda burocraticamente mecanizada de cima para baixo para assessoria de apoio" (Mintzberg, 1995, p. 197). A burocracia profissional apoia-se na autoridade de natureza profissional, ou seja, o poder da perícia.

Na burocracia profissional o poder e o prestígio estão na perícia, na capacidade de conhecimentos e habilidades. Na proporção em que ganham experiência e reputação os funcionários vão movendo-se através dos escalões, impondo-se por sua competência profissional.

A princípio, com essa descrição, pode parecer que os administradores profissionais possuam menos poder que os chamados operadores. No entanto, Mintzberg (1995), ao descrever os papéis do administrador profissional, mostra que seu desempenho lhe assegura um considerável poder indireto.

- O ADMINISTRADOR PROFISSIONAL gasta muito tempo resolvendo perturbações na estrutura, ele precisa contemporizar as disputas entre os operadores profissionais da organização. Geralmente as soluções são negociadas entre as partes, ou seja, os gerentes de unidades devem sentar juntos e negociar uma solução.
- Os ADMINISTRADORES PROFISSIONAIS – especialmente aqueles dos níveis mais elevados – desempenham

papéis-chave entre os profissionais de dentro e as partes interessadas de fora: governo, associações de clientes, e assim por diante. Os administradores funcionam como para-raios das pressões externas. No caso das organizações públicas muitas vezes são pressões oriundas de instâncias do próprio governo (Câmara de vereadores, Poder Executivo etc). Além disso, espera-se que os administradores solicitem aos órgãos de fora suporte moral e financeiro.

Dessa forma, os papéis externos do gerente – contatos, negociações, relações públicas – surgem como de grande relevância na administração profissional.

> *O poder é ganho, acima de tudo, nas posições de incerteza, e estas são exatamente onde ficam os administradores profissionais. [...] De maneira semelhante, aquele que consegue resolver conflitos a favor de sua unidade, ou que efetivamente protege os profissionais contra influências externas, torna-se um valioso – e, portanto, poderoso – membro da organização* (Mintzberg, 1995, p. 199).

O administrador profissional é então, antes de tudo, um negociador político. Os operadores profissionais se veem dependentes do administrador para que mantenham seus projetos, negociando-os através dele. Mintzberg (1995, p. 201) ressalta que o poder do administrador, para influenciar a estratégia, vai além de influenciar os operadores profissionais.

> *Todo bom gerente procura mudar a organização de sua própria maneira, alterando suas estratégias para torná-la mais eficaz. Na burocracia profissional isso é traduzido por um conjunto de iniciativas estratégicas que o administrador deseja assumir por si mesmo. No entanto, nessas estruturas,*

em princípio, da base para cima – o administrador não pode impor sua vontade aos profissionais do núcleo operacional. Em lugar disso ele deve apoiar-se em seu poder informal e aplicá-lo sutilmente.

Uma das maneiras de otimizar a eficiência da gestão de uma organização, é compreender a natureza dos processos de decisão praticados em seu interior, para avaliar sua eficácia a fim de perceber o modo de racionalização mais adequado à organização (Nioche et al., 1988).

O gerente é parte do processo decisório organizacional. Seu comportamento, como o de qualquer outro empregado, é determinado por fatores internos e externos à organização. A compreensão da decisão em si não traduz de que maneira o gerente se comporta e como chega à escolha de determinada alternativa. Somente analisando o caráter ambíguo da vida organizacional é que podemos compreender como, de fato, se dá o comportamento gerencial.

Anexo 3 – Cronologia dos principais eventos da administração[c]

Ano	Autor	Eventos
4000 a.C.	Egípcios	Necessidade de planejar, organizar e controlar.
2600 a.C.	Egípcios	Descentralização.
2000 a.C.	Egípcios	Ordens escritas. Consultoria de *staff*.

(continua)

---

c. Fonte: Adaptado de Chiavenato, 2004a.

(continuação)

Ano	Autor	Eventos
1800 a.C.	Hamurabi (Babilônia)	Salário mínimo. Controle escrito e testemunhal.
1491 a.C.	Hebreus (Moisés)	Conceito de organização. Princípio escalar, princípio da exceção.
600 a.C.	Nabucodonosor	Controle da produção e incentivos salariais.
500 a.C.	Mencius (China)	Necessidade de sistemas e de padrões.
400 a.C.	Sócrates, Platão	Enunciado das formas de governo e princípio da especialização.
284	Deoclécio (Roma)	Delegação da autoridade.
1436	Arsenal de Veneza	Contabilidade de custos; balanços; inventários; administração de pessoal; padronização e linha de montagem.
1525	Machiavelli (Itália)	Princípios de liderança e táticas políticas.
1767	James Stuart (Inglaterra)	Teoria da fonte de autoridade; impacto da automação; diferenciação entre gerentes e operários; especialização.
1776	Adam Smith	Especialização de operários; conceito de controle.
1779	Ely Whitney (EUA)	Método científico; controle de qualidade e amplitude administrativa.

(continuação)

Ano	Autor	Eventos
1800	James Watt (Inglaterra)	Procedimentos padronizados de operação; planejamento; tempos padrões; incentivos salariais; auditoria.
1810	Robert Owen (Inglaterra)	Práticas de pessoal; treinamento.
1832	Charles Babbage (Inglaterra)	Abordagem científica; divisão do trabalho; estudo do tempo e dos movimentos; efeito das cores na eficiência dos funcionários.
1856	Daniel C. McCallum (EUA)	Uso do organograma.
1886	Henry Metcalfe (EUA)	Arte da administração; ciência da administração.
1900	Frederick W. Taylor	Administração científica.
1916	Henry Fayol	Teoria clássica.
1932	Helton Mayo; Kurt Lewin	Teoria das relações humanas.
1935	Max Weber	Teoria da burocracia.
1935	Peter Drucker; Ernest Dale; Harold Koontz; Willian Newman	Teoria neoclássica.
1947	Amitai Etzioni; Jean Viet; Richard Hall	Teoria estruturalista.

(conclusão)

Ano	Autor	Eventos
1954	Peter Drucker	Administração por objetivos.
1957	Herbert Simon; Chester Bernard; Douglas McGregor; C. Argyris; Abraham Maslow	Teoria comportamental.
1960	Paul Lawrence; Cris Argyris	Teoria do desenvolvimento organizacional.
1960	Ludwig von Bertalanffy; Daniel Katz; A. K. Rice	Teoria dos sistemas.
1970	Paul Lawrence; Jay W. Lorsch	Teoria da contingência.
Após 1990	Diversos	Tecnologia da informação: serviços; aceleração da mudança; imprevisibilidade; instabilidade e incertezas; ênfase na produtividade, qualidade, competitividade, cliente e globalização.

Os papéis utilizados neste livro, certificados por instituições ambientais competentes, são recicláveis, provenientes de fontes renováveis e, portanto, um meio sustentável e natural de informação e conhecimento.

FSC
www.fsc.org
MISTO
Papel produzido a partir de fontes responsáveis
FSC® C114026

Impressão: Optagraf

Dezembro / 2020